Peter Hahne

Rettet das Zigeuner-Schnitzel!

Empörung gegen den
täglichen Schwachsinn.
Werte, die wichtig sind

QUADRIGA

Inhalt

Wozu?

Seit mehr als 15 Jahren schreibe ich Woche für Woche meine Kolumne in der »Bild am Sonntag«. Alle sieben Tage ein neues Thema zu finden ist nicht einfach. Und über all diesen Texten nicht zum Besserwisser und Moralisten zu werden erst recht nicht. Ich kann und will keine Patentrezepte bieten, wie man anständig durchs Leben kommt und unsere Gesellschaft auf Vordermann bringt. Erst recht keine Vorschriften. Werte wollen ja nicht als Worte erfahren werden, sondern als lebendige Begegnung mit Vorbildern.

Und da stößt man auch als Autor an seine Grenzen. Ich wäre ein »komischer Heiliger«, würde ich selber alles eins zu eins umsetzen können. Deshalb verstehe ich die Kolumnen als Herausforderung, auch an mich. Ich möchte anregen und auch aufregen. Bei Maßstäben darf man die Messlatte ruhig höher legen, denn es geht um Grundsätzliches, Gültiges, Bleibendes. Über Maß und Mitte und den gesunden Menschenverstand zu schreiben ist mehr als das oberflächlich-beliebige Facebook-Gezwitscher.

Eine der meistgelesenen »Kolumnen«-Sammlungen der Weltgeschichte ist die Bergpredigt von Jesus Christus, aufgezeichnet im Neuen Testament der Bibel. Die Werte dieses Textes sind schier unerfüllbare Maßstäbe, an denen man nur scheitern kann. Messlatten zur Herausforderung der angeredeten Christen, ein Spiegel fürs eigene Leben. Und die Themen haben ebenfalls einen tagesaktuellen Zeitbezug und behalten dennoch bleibende Aktualität. Sie könnten auch eine gute Basis für ein menschliches Miteinander – weltweit – sein.

Klar, heutige Kolumnisten machen das natürlich ein paar Nummern kleiner. Manchmal gaben mir kleine Zeitungsmeldungen den Anstoß. Dann wieder waren es Beobachtungen in der Nachbarschaft, Begegnungen im Freundeskreis. Oder auch eine »Big News«, die unsere Welt bewegt hat. Ich glaube auch, dass die ausgewählten Kolumnen dieses Buches zeitlos sind.

»Bücher sind dicke Briefe an Freunde«, sagte der Dichter Jean Paul einst. Genau so verstehe ich meine KolumnenSammlung: für Leserinnen und Leser zu schreiben, die mir zwar nicht bekannt, aber irgendwie vertraut sind. Vertraut in dem Bemühen, aus ihrem Leben etwas zu machen, es auf ein sinnvolles Fundament zu stellen und diese Werte auch zu lieben und zu leben.

Dazu ist Klartext die beste Sprache. Tabubruch ist manchmal ehrlicher als eine verlogene Political Correctness, die sich die Wahrheit nicht zu sagen traut. Vielleicht haben die Kolumnen auch deshalb etwas Zeitloses. Texte sind für mich ein Wert an sich, doch richtig wertvoll werden sie erst, wenn es ihnen gelingt, Werte verstehbar und lebendig zu machen. Ich schreibe die folgenden Kapitel auch deshalb, weil ich mit ihnen die Leser motivieren will, sich an unserer Gesellschaft zu beteiligen. Passive Bedenkenträger hat unsere Zeit genug, wir brauchen aktive Hoffnungsträger. Mutmacher statt Panikmacher. Wenn in dieser Absicht »Ansteckungsgefahr« besteht, dann hat sich die Arbeit gelohnt.

Berlin, im März 2014   Peter Hahne

Mit jeder Lüge sagen wir die Wahrheit über uns selbst

Am meisten gelogen wird vor einer Wahl, während eines Krieges und nach einer Jagd, meinte der »Eiserne Kanzler« Otto von Bismarck.

Ich dürfte hier gar nicht mitreden, hält sich doch so hartnäckig wie die Regenfront das Vorurteil: »Lügen wie gedruckt«; oder dass man in der Politik sein Gewissen an der Garderobe abgeben muss. Doch neueste Studien entlarven unsere Gesellschaft als einziges Lügenkomplott: Alle zehn Minuten lügt der Mensch. Am meisten in der Jugend und gegenüber den Eltern.

Ist Lüge immer gleich Lüge? Klar, noch nie wurde einem das Lügen so leicht gemacht. Merkte man früher allenfalls durch Augenkontakt oder an der Stimme des anderen am Telefon, ob jemand nicht die Wahrheit sprach, wird in den Internetforen unbemerkt und hemmungslos gelogen, dass die Monitore flimmern. Oder glauben Sie den Alters-, Vermögens- und Charakterbeschreibungen der anonymen Chatter?

Wer Finanzamt, Versicherung oder Partner betrügt, ist ein Lügner. Doch soll ich meinem Nachbarskind, das mir eine bunte Kritzelei unter die Nase hält und steif und fest behauptet, es handele sich dabei um mich am Strand, die Wahrheit über sein Kunstwerk sagen? Auch bei Kranken wird es schwer. Wer die Wahrheit hören will, den sollte man vorher fragen, ob er sie auch erträgt. Wahrheit kann manchmal unbarmherziger sein als (Not-)Lüge.

Alles, was wir sagen, sollte wahr sein. Aber nicht alles, was wahr ist, muss man auch sagen. Dazu kann man Kinder erziehen, ohne sie zum Lügen zu verführen.

Lügen heißt: zum eigenen Vorteil oder aus Angst vor Nachteilen die Wahrheit verschweigen. Man sollte das nicht als Schummeln und Mogeln, als Ausflüchte und Ausreden verharmlosen. Wer notorisch lügt, zerstört seine Persönlichkeit: »Die Lüge ist wie ein Schneeball. Je länger man ihn wälzt, desto größer wird er.« (Martin Luther)

Lüge erstickt, Wahrheit befreit. Und durch Lügen sagt ein Mensch letztlich die Wahrheit über sich selbst.

Kitsch und Kommerz statt Glauben und Hoffen

Frühling ist da! Diese Nachricht überbrachte mir ein Chor nicht etwa beim Liederabend eines Schützenvereins, auch nicht bei Carmen Nebels Volksmelodien; ich hörte den Gesang letzte Woche in einem Gottesdienst.

Aber brauche ich für eine solche Allerwelts-Osterbotschaft eine christliche Kirche? Es klingt wie Realsatire, wenn zu den rund 100 Kirchen, die die EKD allein in den letzten vier Jahren wegen Mitgliederschwunds aufgab, ausgerechnet ein Gelsenkirchener Gebäude namens Auferstehungskirche gehört – und die ebenfalls verkaufte Jakobuskirche beherbergt nun ein Bestattungsinstitut.

Dass Ostern wegen der Auferstehung von Jesus Christus gefeiert wird, dass Karfreitag das Datum seiner Kreuzigung ist, wer weiß das heute noch? Die Werbung preist Osterlamm und Osterhasen an, ein tägliches TV-Magazin bot jetzt eine Oster-Reihe über Eier, Hasen und Frühlingssträuße; und die Moderatorin einer Nachrichtensendung stolperte letzten Freitag beim Namen des Todesortes von Jesus und betonte »Golgatha«, als handele es sich um eine Zahnpasta-marke.

Woran liegt es, dass die kirchlichen Feste zu kommerziellem Kitsch verkommen sind?

Nach Weihnachten nun auch Ostern als Geschenkorgie, Christi Himmelfahrt wird Vatertag und als einzigen Heiligen feiert man noch St. Valentin, als sei er der Schutzpatron des Blumenhandels. Auch der uralte Reformationstag, Wendedatum der Weltkultur, ist dem Kürbisfest Halloween geopfert.

Christen und Kirche müssen wieder ihre wahre Ware ins Schaufenster legen, die Botschaft, die sie konkurrenzlos wichtig macht. Viele andere Themen können auch das Rote Kreuz, Parteien oder Gewerkschaften bedienen, doch dass es Hoffnung über den Tod hinaus gibt und so etwas wie »Freude in allem Leide« möglich ist, bietet allein der Glaube.

Davon will ich etwas hören, wenn ich eine Kirche betrete. Seid-nett-zueinander-Appelle finde ich besser im Internet, und dass Frühling da ist, signalisiert mir bald der Blick aus dem Fenster. Hoffentlich ...

Wir bauen Feiertagsbrücken, um der Arbeit aus dem Weg zu gehen

Wenn bei uns auch Brücken bröseln und der Verkehrsminister Milliarden in Reparaturen investieren muss, eine Brücke steht in Deutschland felsenfest: die Feiertagsbrücke.

Am Tag der Arbeit, auch einem dieser begehrten Brücken-tage, sollte man mal offen darüber reden. Ich werde den Ein-druck nicht los, als seien wir trotz hoher Arbeitslosigkeit permanent damit beschäftigt, wie wir der Arbeit aus dem Weg gehen können. Und dazu helfen eben jene Brücken, deren Bau in Deutschland Volkssport ist.

Gibt man im Internet »Brückentag« in die Suchmaschine ein, finden sich mehr als 800 000 Einträge. Die Überschrif-ten dazu lauten: »Geschickt planen, Jahresurlaub verdop-peln« oder »Brückentage clever nutzen«. Keine Zeitung, die nicht zu Jahresbeginn Tipps präsentiert, wie man mit wenig Aufwand viel Ferien machen kann.

Für 2013 hieß es fanfarenmäßig: »Ein geniales Jahr für Ar-beitnehmer, alle bundesweiten Feiertage fallen auf einen Wochentag!« Wer jeden Brückentag wie den 1. Mai, Christi Himmelfahrt oder den 3. Oktober geschickt nutzt, kann mit 30 Urlaubstagen doppelt so viele Tage freimachen. Be-sonders anregend für die Ferienfantasie: die Weihnachts-zeit. Brückenbau-Profis nehmen mit nur fünf Urlaubstagen 16 Tage frei.

Ich beschwöre ja nicht den Untergang des Abendlandes und der deutschen Tugenden, die noch immer in vielen Ländern für Fleiß und Pflichtgefühl stehen. Aber irgendwas ist doch faul im Staate, wenn Deutschland emsig Vaterland sich als Etikettenschwindel erweist.

Wenn Millionen darunter leiden, keine Jobs zu haben, ist es zynisch, dass sich die Arbeitsplatz-Besitzenden dauernd damit beschäftigen, wie sie mit wenig Aufwand möglichst viel Freizeit rausholen können.

Urlaub ist jedem zu gönnen. Auch der Tag der Arbeit, der

in Wahrheit ein Tag zum Faulenzen ist. Nur darf das Vergnügen nie Vorfahrt vor Verantwortung und Verpflichtung haben. Die Freizeit soll die Arbeit unterbrechen, nicht die Arbeit die Freizeit.

In der Stunde der Angst wurden Frauen zu Helden

»Jeden Tag eine gute Tat.« So lautet seit über 100 Jahren das Motto der Pfadfinder, der größten Jugendbewegung der Welt. Dieser Spruch klingt markig, männlich und mutig; geschaffen wie für Filmhelden, die tapfer und entschlossen für andere einstehen. In London sah dieser »Film« im Mai des vergangenen Jahres ganz anders aus. Die Männer stehen abseits in sicherer Distanz, einige haben sogar die Arme verschränkt. Sie erleben ein Public Viewing der besonderen Art, dessen wir Männer uns in Grund und Boden schämen müssen.

Die Memmen sind Männer, die Heldinnen sind drei Frauen, darunter Ingrid, Leiterin einer Kinder-Pfadfindergruppe. Was sie vollbracht haben, ist mehr als eine gute Tat, es waren Heldentaten. Ingrid (48), Mutter von zwei Kindern, stellte sich unerschrocken einem der beiden bewaffneten Islamisten entgegen, die gerade einen Soldaten bestialisch mit Machete und Fleischermesser ermordet hatten. Sie war sogar so mutig, dem Opfer noch den Puls zu fühlen: »Als Pfadfinderin bin ich in Erster Hilfe ausgebildet.«

Währenddessen redeten Amanda (44) und Gemini (20), Mutter und Tochter, auf den anderen Terroristen ein. Das alles dauerte gut fünf Minuten, also Zeit genug für die gaffende Männerwelt, es den Frauen gleichzutun oder ihnen wenigstens zu helfen. Stattdessen betätigen sie sich als Handy-Fotografen und liefern der Welt den Tatort quasi live; die Nachrichtensendungen sind voll davon.

In diesen Filmchen entlarven sie sich selbst als distanzierte Zuschauer eines realen Dramas, bei dem drei Frauen die Hauptrolle spielen, bis endlich die Polizei eintrifft. Ingrid sagt anschließend, sie hätte die Täter mit ihrem lebensgefährlichen Hinhalte-Gespräch davon abhalten wollen, weiteres Unheil anzurichten. Und dann der starke Satz: »Ich hatte keine Angst zu sterben. Lieber ich als ein Kind.«

Drei tapfere Frauen gingen in die Offensive, während das sogenannte starke Geschlecht ganz schwach war.

Wir lernen fürs Leben, nicht für Pisa

Beim Wort »Pisa« denkt man meist nicht mehr an den schiefen Turm in der italienischen Stadt, sondern an das, was in Bildung und Erziehung bei uns schiefläuft. Der jüngste Pisa-Bericht lässt jedoch aufatmen: Unsere Schüler sind besser geworden. Das ist erfreulich, sagt aber nichts darüber aus, ob solche weltweiten Bildungsvergleiche sinnvoll sind.

Kann man Bildung wirklich objektiv messen? Gehört nicht auch Herzensbildung und Lebenserfahrung dazu, neudeutsch »soziale Kompetenz«? Experten zweifeln an Pisa, weil weltweit Schüler und Schulen verglichen werden wie die Produktivität von Autofabriken. Nationale und kulturelle Eigenarten werden nicht bedacht, Bildungssysteme über einen Kamm geschoren.

In Asien wird laut Pisa effektiver gelehrt und gelernt. Doch wollen wir wirklich, dass unsere Kinder wie in China gedrillt werden, bis gescheite Roboter entstehen? In Japan gibt es eine dramatische Selbstmordrate unter Schülern, denen das Lernen unter Leistungsdruck zur Hölle gemacht wird. Mit solchen Lernfabriken darf man doch nicht ernsthaft deutsche Bildung vergleichen!

Prominente Sitzenbleiber wie Johannes Rau oder Edmund Stoiber haben es in höchste Staatsämter gebracht, Hermann Hesse und Thomas Mann sind gefeierte Dichter, obwohl sie kaum einen Pisa-Test bestanden hätten. Und hängt die Qualität eines motivierten Handwerkers oder eines engagierten Pädagogen wirklich davon ab, ob er Albert Einsteins – auch ein Sitzenbleiber – Relativitätstheorie verstanden hat?

Bildung wächst auf dem Boden der jeweiligen Kultur, die Frucht sind kultivierte und nicht manipulierte Menschen. Mir ist ein mittelmäßiger Schüler »Made in Germany« lieber als ein weltweit geklonter Fakten-Apparatschik, der das Bruttoinlandsprodukt am Laufen hält. Pisa ist eine virtuelle Computer-Scheinwelt für Zahlen-Fetischisten.

An meinem Gymnasium prangte der weise lateinische Spruch: »Non scholae, sed vitae discimus«: Nicht für die Schule, fürs Leben lernen wir. Heute gilt: Nicht für Pisa, fürs Leben lernen wir.

Die Flut spült das Gute in uns zutage und das Böse

Der bayerische Rot-Kreuz-Chef Leonhard Stärk zieht diese erste Hochwasser-Hilfswellen-Bilanz: »Vielleicht geht ein

Ruck durch unsere Gesellschaft.« Er habe noch nie erlebt, auch bei vergangenen Katastrophen nicht, wie hilfsbereit alle mit anpacken, um die Flutopfer zu versorgen und die Schäden zu beseitigen. In der Tat: Man erkennt unser Volk nicht wieder.

Auch ich habe in dieser Kolumne schon oft beklagt, wie wenig Nachbarschaftshilfe es gibt und dass sich jeder auf den Staat und die »Zuständigen« verlässt, ohne sich selbst einzubringen. Das genaue Gegenteil wird aus den Regionen gemeldet, die so dramatisch vom Hochwasser betroffen sind.

Neben den schlimmen Flut-Filmen sind es diese Bilder, die den Nachrichten den Schrecken nehmen und ein Zeichen der Hoffnung setzen. Es gibt einen wahren Wettlauf der Hilfsbereitschaft: Alt und Jung packt an. Studenten (angeblich nur faulenzend) rackern sich in Passau ab, Jugendliche (angeblich nur rumhängend) liefern sich in Sachsen mit der Bundeswehr eine Olympiade im Sandsäcke-Schleppen, Senioren (angeblich nur belastend) kochen Kaffee und backen Kuchen für die Helfer, Unternehmen (angeblich nur gewinnstrebend) stellen Bautrockner und Pumpen zur Verfügung. Die Flut setzt neue Prioritäten, zeigt ein anderes Gesicht unserer Gesellschaft.

Doch nicht alle werden in der Katastrophe zu guten Menschen. Im Raum Magdeburg drohen Firmen Mitarbeitern mit Kündigung, weil sie spontan den Opfern helfen, statt den Gewinn ihrer Bosse zu maximieren. Solch ein Minimum an Anstand gehört an den Pranger, steht für mich auf der Stufe von Plündern. Die Fluten der Elbe spülen auch das Böse zutage.

Der frühere Bundespräsident Roman Herzog forderte 1997

in seiner berühmten Ruck-Rede, es müsse mehr Miteinander und weniger Egoismus geben. Nach Jahren antwortete er mir resigniert auf die Frage, warum bisher so wenig davon zu spüren ist: »Es geht uns immer noch zu gut.«

Am besten wäre es, wenn Wasser und Schäden jetzt schnell verschwänden, diese Hilfsbereitschaft aber bliebe. Dann spürt unsere Gesellschaft den Ruck, den wir so dringend brauchen.

Organspende – Vertrauen ist das Wichtigste

Dies ist keine nüchterne Statistik, es sind Todesurteile, die schwer kranke Menschen in die Verzweiflung treiben: In den ersten neun Monaten des Jahres 2013 gab es, so das »Deutsche Ärzteblatt«, elf Prozent weniger Organspenden als im selben Zeitraum 2012.

Die Zahlen zu 2011 sind noch schlimmer: Wurden da noch 3029 Herzen, Lebern oder Lungen verpflanzt, sind es im gleichen Zeitraum 2013 nur noch 2501.

Ärzte und Kliniken schlagen Alarm, doch sie sind oft selbst schuld daran. Die Bürger, die ihre Organspende-Ausweise wegwerfen oder erst gar nicht ausfüllen, sind es nicht. Die Skandale bei der Organvergabe, die Geschäftemacherei einzelner Ärzte und Kliniken und die Ungewissheit, wann ein Mensch wirklich tot ist und ihm Organe entnommen werden dürfen, lässt den Laien am Sinn solcher Transplantationen zweifeln. Dass sich Angehörige im Zweifel gegen eine Organspende entscheiden, ist bei dieser allgemeinen Verunsicherung allzu verständlich.

Auch immer weniger Ärzte haben einen Spenderausweis. Eine Umfrage ergab, dass 48 Prozent der Ärzte und 41 Prozent der Pflegekräfte in der Intensivmedizin keine positive Einstellung zur Organspende haben. Der Verdacht, bei der Organvergabe werde gemauschelt, es gebe keine zentrale Kontrolle und die gespendeten Organe erreichten nicht immer die richtigen Patienten, muss dringend ausgeräumt werden. Das ist die Aufgabe der Mediziner, gemäß ihrem hippokratischen Eid – und der neuen Regierung, statt sich in einer Show namens Koalitionsverhandlungen in Randfragen zu verlieren.

Vertrauen ist das wichtigste Kapital bei einer so persönlichen Entscheidung, zur Spende eigener Organe bereit zu sein. Misstrauen ist tödlich für die Bereitschaft, einen Spenderausweis auszufüllen, aber vor allem für die 12 000 Menschen, die dringend auf Herz, Leber oder Niere warten. Auch am heutigen Sonntag müssen vier von ihnen sterben, weil die Medizin das Machbare nicht machen kann.

So kleinlaut habe ich die Amerikaner noch nie erlebt

»Das ist ein echter Hammer!« Diesen Ausruf einer Moderatorin des US-Fernsehsenders CNN zum Super-Coup des grünen Bundestagsabgeordneten Christian Ströbele hörte ich in einem Hotel in Kalifornien.

Der alte Fuchs hatte bei seinem Blitzbesuch in Moskau von dem Ex-Agenten Edward Snowden erfahren, dass er bereit sei, vor einem Ausschuss des Bundestages auszusagen. Wirklich ein Hammer, denn sehr viele Amerikaner fürchten die Offenlegung der Aktivitäten ihrer Geheimdienste. Für sie ist der nach Russland geflüchtete Snowden kein Held, dafür bangen sie viel zu sehr um ihre Sicherheit. Das Terrordrama vom 11. September 2001 ist immer noch allgegenwärtig zwischen New York und Los Angeles, ebenso wie in diesen Tagen Deutschland und seine Kanzlerin.

Gleich nach meiner Landung in Kalifornien hörte ich als Erstes im US-TV fränkische Töne: Bundesinnenminister Friedrich forderte Aufklärung über die Abhöraktion gegen Kanzlerin Merkel. Gezeigt wurde dabei groß die Titelseite von »Bild am Sonntag« vom vergangenen Wochenende mit dem Wort »Handygate«.

Während für US-Medien Europa sonst weiter entfernt scheint als der Mars, sind derzeit die Blätter voller Merkel-Fotos und NSA-Meldungen. Wie empfindlich die Amerikaner in ihrem Stolz getroffen sind, merke ich in jedem Gespräch, ob mit Kellnern, Verkäuferinnen oder Stanford-Professoren. Hilflos müssen sie mitansehen, wie die US-Botschafter in Berlin oder Madrid zum Rapport »einbestellt« werden. Dass Amerikaner sich rechtfertigen müssen, empfinden sie als Schmach für den einstigen Weltpolizisten und Befreier.

Obamas Beliebtheit ist im Keller, sowohl im links-alternativen San Francisco wie im konservativen Carmel-by-the-Sea, wo Clint Eastwood Bürgermeister war und Doris Day ihren Lebensabend verbringt. Mit wem auch immer ich hier rede: Scham statt Stolz. Und ein »Sorry!« für das, was Obamas Geheimdienst unserer Kanzlerin angetan hat. So kleinlaut habe ich die Amerikaner noch nie erlebt.

Lasst Naya mit ihren Eltern nach Deutschland!

Werden wir von Politikern regiert, die Herzen aus Stein haben? Von Regierungschefs, die sich hinter Paragrafen verstecken und denen es an Mitmenschlichkeit fehlt?

Zu diesem Schluss kann man kommen, wenn es nach dem Brüsseler EU-Gipfel zur Flüchtlingspolitik eiskalt hieß: Trotz der Tragödien vor Lampedusa, vor den Küsten Italiens und Maltas wird nichts geändert; Flüchtlinge aus Afrika sind nicht willkommen, auch wenn sie sich in Berlin oder Hamburg demonstrativ zu Tode hungern.

»Dublin 2« heißt das Zauberwort, eine Verordnung, nach der sich der EU-Staat um Flüchtlinge kümmern muss, dessen Boden sie als Erstes betreten haben. Auch wenn ich damit herzlos wirke: Die Politik hat recht, dass wir das soziale Gefüge Europas nicht über Gebühr belasten dürfen und eben nicht jeder, der vor Armut – und nicht vor Krieg oder politischer Verfolgung – flüchtet, bei uns Aufnahme finden kann. Deutschland kann nicht das Sozialamt für die halbe Welt sein.

Doch jede Regel hat bekanntlich eine Ausnahme, jeder Paragraf kennt eine Hintertür. Und diese muss man für die kleine Naya und ihre Eltern aus dem syrischen Aleppo öffnen. Ich finde es erbärmlich, dass hier nach Gesetzeslage und nicht nach Menschlichkeit entschieden wird.

Nayas Eltern sind unter Lebensgefahr dem Bürgerkrieg entronnen, im Mittelmeer vor Malta ertranken ihre beiden kleinen Söhne. Nur Mutter, Vater und Naya überlebten. Jetzt möchten sie nach Deutschland zu einer befreundeten Familie, die ebenfalls aus Syrien stammt. Die sind Zahnärzte und könnten Nayas Vater, einen Anästhesisten, sofort anstellen, eine Wohnung bekämen sie auch. Nayas Familie würde also niemandem auf der Tasche liegen, denn Ärzte werden in Deutschland händeringend gesucht.

Ich verstehe nicht, dass man diese armen Menschen so hartherzig behandelt und nicht einreisen lässt. Da kann man noch so viele Amtseide mit den Worten »So wahr mir Gott helfe« bekräftigen: Wer hier nicht hilft, dem ist nicht mehr zu helfen.

Jesus Christus hat gesagt: »Nicht der Mensch ist für das Gesetz da, sondern das Gesetz für den Menschen.« Das sollten sich unsere Damen und Herren Politiker hinter die Ohren schreiben – oder besser: zu Herzen nehmen.

Eine Goldkruste erstickt die Kirchen

Der Fall des katholischen Limburger Bischofs Franz-Peter Tebartz-van Elst hat einiges bewirkt: Einen dramatischen Vertrauensverlust in die Kirchen, eine Welle von Austritten, und nun wird auch noch das brenzlige Thema Kirchensteuer diskutiert. Das scheuen die Kirchen wie der Teufel das Weihwasser.

Ich habe nie verstanden, warum die Kirchen, sowohl die evangelische als auch die katholische, so defensiv damit umgehen. Denn die 9,8 Milliarden Euro – so viel waren es 2012 – fließen doch in Bereiche, die die Kirchen besser wahrnehmen, als der Staat es vermag: Notfall- und Militärseelsorge, Caritas und Diakonie, Jugend- und Seniorenarbeit und die selbst unter Atheisten gefragten Kitas und Schulen.

Die Kirchen unterhalten, natürlich mit staatlicher Förderung, so prächtige Kulturgüter wie den monumentalen Kölner Dom oder die romantische Wieskirche. Nach Limburger Maßstäben müsste man solche Kunstschätze allesamt Prunk- und Protzbauten nennen. Auch für Kathedralen hätte man einst Sozialwohnungen bauen und Armen helfen können!

Deshalb halte ich das Theater um die 30 Millionen Euro für ein denkmalgeschütztes Ensemble in Limburg für lächerlich, zumal es ja wohl nicht aus den Kirchensteuern finanziert wurde, sondern vom »Bischöflichen Stuhl«. Der wurde vom Staat als Entschädigung für die Enteignung der Kirchen vor mehr als 200 Jahren gespeist.

Das Lachen ist mir allerdings beim Umgang mit der Person des Bischofs vergangen. Im Radio wurde er als »Eichhörnchengesicht« verspottet, im Fernsehen durfte ein Comedian ein Twitter-Foto kommentieren, das Tebartz als Außerirdischen oder als Horrorfigur »Gollum« aus »Herr der Ringe« darstellt.

So viel an Hass und Häme wie gegen Tebartz habe ich selten erlebt. Es schreit zum Himmel, wenn erklärte Christen oder Kirchenleute sich daran beteiligen und mit ihrem Spott Talkshow-Honorare kassieren.

Der Limburger Fall wirft grundsätzliche Fragen auf. Eine davon ist, ob es weiterhin Kirchensteuern geben soll, die von den Finanzämtern eingezogen werden. Wenn ja, muss geklärt werden, wie diese Geldströme besser kanalisiert und kontrolliert werden können. Doch eine Goldkruste erstickt, was laut Papst Franziskus Kirche sein soll: arm an Kapital und reich an Glauben.

Der anglikanische Bischof John Finney meinte: »Erst als wir wirklich arm wie eine Kirchenmaus waren, fingen wir an, uns auf den wahren Schatz der Kirche zu besinnen: das Evangelium.«

Sind wir Männer wirklich Waschlappen in der Krise?

Eine Wahlkampf-Episode, erlebt im August 2013:
In einem riesigen Bierzelt spricht das CSU-Urgestein Peter Gauweiler. Der örtliche Gastgeber bedankt sich artig, dass Gauweiler sogar am Feiertag Christi Himmelfahrt gekommen sei. »Es ist aber heute Mariä Himmelfahrt«, ruft Gauweiler dazwischen, worauf der Redner unter tosendem Gelächter anmerkt: »So weit ist es schon gekommen mit der Emanzipation.«

Es reicht mit der Emanzipation, das meinen 64 Prozent der Männer, für 28 Prozent geht die Gleichberechtigung der Frauen sogar zu weit. So die überraschenden Ergebnisse einer neuen Allensbach-Umfrage, die die Kolleginnen von »Bild der Frau« in Auftrag gaben. Ist die traditionelle Männlichkeit in der Krise, oder haben es die Gender-Ideologinnen schlichtweg übertrieben? Mich erstaunt, dass 72 Prozent der 18- bis 34-jährigen Männer glauben, immer noch der Familienernährer sein zu müssen. Nix mit Rollentausch, mit Kochen und Kindererziehung!

Ich glaube nicht, dass diese Männer Angst vorm Waschlappen-Image haben und dies mit altem Macho-Gehabe kompensieren. Viele fühlen sich einfach überfordert, eine neue Rolle einzunehmen. Dabei sollte man ihnen helfen, statt Quoten zu verordnen.

Frauen werden zu Recht erst Ruhe geben, bis es eine Selbstverständlichkeit ist, dass sie genauso Chef werden können und für gleiche Arbeit gleichen Lohn bekommen wie Männer. Dabei sollten sie aber nicht vergessen: Der Supermann, der Job, Frau und Kinder ohne Murren unter einen Hut bekommt, muss erst noch erfunden und erzogen werden. Darin sind die Frauen eben doch das starke Geschlecht.

Jeder kann helfen, die Erwärmung der Erde zu reduzieren!

Ist die Welt noch zu retten? Wer den Weltklimabericht der Uno liest, bekommt da so seine Zweifel.

Auf 2000 Seiten schildern 800 Experten aus 195 Ländern unsere heutige Situation und rechnen mit der oft tatenlosen Politik ab. Die Erderwärmung ist geringer als erwartet, doch für die Zukunft droht ein Anstieg der Meeresspiegel, der europäische Küsten und Inseln wie die Malediven genauso vernichten könnte wie ganze Länder in Afrika.

Wenn ich zum Skilaufen ins Wallis fahre, sehe ich, wie der Aletsch-Gletscher Jahr für Jahr kleiner wird. Die Apfelernte beginnt immer früher, die Vögel kehren zeitiger aus den Winterquartieren zurück. Man muss nur Augen im Kopf haben und das Hirn einschalten, dann merkt man, was los ist mit unserer Welt. Wer dem Weltklimabericht nicht glaubt, sollte sich die Zahlen der Versicherungsbranche anschauen: Die dramatisch zunehmenden »extremen Wetterereignisse« wie Überschwemmungen, Tsunamis oder Dürreperioden verursachen Milliardenschäden.

Ich bin gegen Angstmacherei, denn Angst lähmt und ist ein schlechter Ratgeber. Weder die rosarote Brille der Zweckoptimisten noch populistischer Pessimismus helfen, allein Realismus ist nötig. Der Klimabericht mahnt alle Staaten, ihren CO_2-Ausstoß drastisch zu reduzieren.

Der Staat ist die Summe seiner Bürger. Jeder kann dazu beitragen, die Schöpfung zu bewahren und sie nicht mutwillig zu zerstören. Weniger Strom verbrauchen! Überflüssige Elektrogeräte abschaffen! Umweltfreundliche Waschmaschinen und Autos kaufen! Wasser sparen!

Wer jetzt nicht handelt, gefährdet die Zukunft kommender Generationen. Dann könnte das geflügelte Wort »Nach uns die Sintflut« bittere Wirklichkeit werden.

Wie viel Revolution steckt wirklich unter der weißen Kutte von Papst Franziskus?

Der Papst hat ein Interview gegeben. Na und? Als Protestant habe ich ohnehin Probleme mit dem Papsttum. Doch da mir die Einfalt in der Vielstimmigkeit von Luthers Leuten oft auf den Wecker geht, beneide ich die Katholiken. Dieser Pontifex macht seinem Namen alle Ehre, er ist ein Brückenbauer zu den Menschen, ein begnadeter Kommunikator. Weniger der Inhalt als der Stil des aktuellen Gesprächs von Papst Franziskus mit Zeitschriften seines Jesuitenordens machen es zu etwas Besonderem, das weltweit diskutiert wird.

Beschrieben wird er als unscheinbar gekleideter Seelsorger, sein Arbeitszimmer sei »einfach, ja karg und sehr schlicht«. Er bekennt, ihm falle es immer noch schwer, vor großen Massen zu sprechen, und er halte deshalb stets Blickkontakt zu einzelnen Menschen. Auf die Frage, wer er sei, antwortet der Papst: »Ein Sünder – und das ist keine Redensart.«

Wenn nun kommentiert wird, sein »Mitgefühl« für Homosexuelle, geschiedene Wiederverheiratete und Frauen, die abgetrieben haben, sei etwas Neues, gar Revolutionäres, der verkennt, dass Franziskus keinen Millimeter von der katholischen Lehre abweicht. Sicher, er will mehr Anerkennung für Frauen in der Kirche, fürchtet sich aber vor einer »Männlichkeit im Rock«, weil Frauen eben eine andere Struktur hätten als Männer.

Dennoch horcht man auf: »Der Beichtstuhl ist kein Folterinstrument, die Kirche muss Wunden heilen und Herzen wärmen. Der Vatikan ist keine Zensurbehörde und missionarische Verkündigung mehr als eine Moralinstanz.«

Das Revolutionäre am neuen Papst mit seiner alten Lehre ist der Ton. Er sieht die Theologie im Dienste der Menschen, die befreiende Botschaft des Evangeliums hat für ihn Vorfahrt vor dem verdammenden Gesetz.

Franziskus' neue Sprache und neuer Stil sind noch keine neue Lehre. Doch man spürt ein bisschen Frühlingsluft, wobei man den Morgen bekanntlich nicht vor dem Abend loben soll. Der Papst versteht es, die Jesuitenregel klug umzusetzen: hart in der Sache, verbindlich in der Methode. Aber es ist viel wert, in der weißen Kutte einen normalen Menschen und keine kalte Instanz zu spüren.

»Burkini«-Urteil –
Der Staat geht nicht baden

Das viel diskutierte Urteil des Bundesverwaltungsgerichts ist revolutionär.

Auf den ersten Blick mag es so aussehen, als seien deutsche Richter vor dem Islam eingeknickt: Was soll es, dass muslimische Mädchen im »Burkini«, also einem Ganzkörper-Badeanzug wie Eisschnellläufer oder Taucher, am Schwimmunterricht in den Schulen teilnehmen dürfen? Geht damit nicht unser jüdisch-christlich geprägter Rechtsstaat baden? Das Gegenteil ist der Fall.

Eine Gymnasiastin verweigerte aus religiösen Gründen das gemeinsame Schwimmen mit ihren männlichen Schulkameraden, weil sie nicht im normalen Badeanzug antreten wollte und Jungs in Badehose nicht ertragen konnte.

Das Bundesverwaltungsgericht stellte jetzt klar: Religionsfreiheit hat bei der allgemeinen Schulpflicht ihre Grenzen. 1993 hatte das Bundesverfassungsgericht das noch anders gesehen und entschieden, dass Eltern ihre Kinder aus religiösen Gründen vom gemischten Schwimmunterricht abmelden dürfen. Gutmenschen unter ahnungslosen Politikern vertreten diese Uralt-Auffassung noch heute.

Das jetzige Urteil ist das genaue Gegenteil einer Islamisierung Deutschlands. Es bedeutet eine Verpflichtung zur Toleranz gegenüber allgemein üblichen Sitten unseres Landes: »Das Grundrecht auf Glaubensfreiheit vermittelt keinen Anspruch darauf, nicht mit Verhaltensgewohnheiten Dritter konfrontiert zu werden.« Das ist ein klares Nein gegenüber einer Parallelwelt, die sich den Rechten und Pflichten des Grundgesetzes entziehen will.

Ich finde es gut, dass die Türkische Gemeinde das Urteil begrüßt, bedeutet es doch in letzter Konsequenz ein weiteres Stück »Aufklärung« des Islam. Fundamentalistische Muslime laufen dagegen Sturm. Ihnen sei gesagt: Für eine Religion der Unfreiheit gibt es keine Religionsfreiheit. Das gilt für jede Glaubensgemeinschaft in unserem Land.

Die Manager sollten sich den Papst zum Vorbild nehmen

Anfang der Woche bekam ich einen Brief von der Deutschen Rentenversicherung. Sie teilte mir mit, wie viel Rente ich zu erwarten habe. Ich kann nicht klagen, aber viele Arbeitnehmer werden staunen, wie wenig zum Schluss noch bleibt, wenn sie nicht privat vorgesorgt haben.

Umso mehr empört mich, was sich deutsche Manager so alles an Pensionen in die Tasche stecken. Allein die Vorstände der 30 größten Konzerne können mit durchschnittlich 37 500 Euro rechnen. Pro Monat! Das ermittelte jetzt die Hans-Böckler-Stiftung.

Jeder soll bekommen, was er verdient. Aber es geht einem doch das Messer in der Tasche auf, wenn Manager das Dreißigfache einer Durchschnittsrente kassieren. Die beträgt nach 45 Jahren Arbeit 1200 Euro.

Erst astronomische Millionengehälter, dann üppige Pensionen! Wo bleibt da die Verhältnismäßigkeit im Blick auf den Normalbürger? Kein Wunder, dass immer mehr Menschen an der Gerechtigkeit zweifeln.

Die Manager selbst tun ja formal nichts Unrechtes, wenn sie auf ihre Aufsichtsräte verweisen, die dies abgesegnet haben. Doch ein Mann macht es vor, dass man nicht alles, was einem zusteht, auch nehmen muss.

Papst Franziskus, »Top-Manager« eines 2000 Jahre alten Unternehmens, verzichtet auf Pracht und Prunk, auf Statussymbole und eine dicke Brieftasche. Das hilft zwar konkret keinem Armen, aber seine Haltung ist ein Beispiel für Tugenden, die manchen Bossen verloren gegangen sind: Bescheidenheit, Verhältnismäßigkeit, Anstand und Verzicht. Gern schmücken sie sich mit ethischen Leitlinien für ihre Mitarbeiter. Doch was nützt der beste Verhaltenskodex, wenn sich die Elite nicht daran hält? Und Elite bedeutet nicht Geldadel, Gier und Geiz, sondern eine Führungsschicht, deren größtes Kapital Verantwortung und Vertrauen sind.

Es ist unmoralisch, wenn der kleine Mann kaum über die Runden kommt und die Bosse mehr Geld kriegen, als sie ausgeben können.

Kreuzberger Mächte sind dumm!

Es erinnert mich an die DDR, wo Engel Weihnachten zu »Jahresendflügelfiguren« umbenannt wurden, weil dem SED-Regime das Christentum zuwider war.

Doch ausgerechnet im Berliner Bezirk Friedrichshain-Kreuzberg, der sich weltoffen, tolerant und multikulturell gibt, nennen Muslime ihre Ramadanfeier jetzt Sommerfest und ein Weihnachtsmarkt bekommt das Etikett Winterfest.

Dahinter steckt ein folgenschwerer Beschluss des rot-grün geführten Bezirks: »Die religiöse Selbstdarstellung auf öffentlichen Flächen« wird verboten. Gegen Kritik aller Religionsgemeinschaften wendet man treuherzig ein: Paragraf 4 des Grundgesetzes – »Die ungestörte Religionsausübung wird gewährleistet« – werde doch nicht eingeschränkt, denn Religion könne ja privat ausgeübt werden.

Ja, wie dumm sind denn die Kreuzberger Mächte? Genauso argumentierten doch bereits die Nazis und die SED: Wir haben ja nichts gegen eure Religion, solange man davon nichts sieht. Auf Antrag der Piraten-Partei wird der Bezirk künftig auch keine Ehrenmedaille mehr Bürgern verleihen, die sich aus religiösen Gründen engagieren.

Wahnsinn! Dann kann die »Arche«, ein christliches Hilfswerk, Suppenküchen und Kinderbetreuung gleich schließen und die Berliner Stadtmission ihren Kältebus für Obdachlose im Winter in der Garage lassen. Beim Großen Zapfenstreich müsste man das »Gebet« entfernen, beim Gedenken an die Widerstandskämpfer gegen Hitler am 20. Juli den Choral und im Bundestag die religiöse Eidesformel. Und der Bezirk Kreuz(!)-berg müsste dann seinen Namen und sein Wappen verlieren; es sei denn, diese geschichtslosen Gutmenschen glauben, es handele sich um ein Autobahnkreuz.

Multikulti und Toleranz bedeuten: Jeder darf seinen Glauben, seine Kultur und Tradition im Rahmen der Gesetze öffentlich leben und bekennen. Nur so lernen wir uns kennen und respektieren. Toleranz ohne eigenen Standpunkt ist Beliebigkeit. Wer das will, setzt die Freiheit aufs Spiel. Deshalb ist dies auch mehr als eine Lokalposse.

Rettet die Zigeunersoße und die Nonnenfürzle!

Müssen uns geifernde Gutmenschen mit ihrer penetranten politischen Korrektheit eigentlich alles madig machen? Selbst bei Leckerbissen beißen sie zu, wobei ich nicht den Veggy-Day-Wahnsinn der Grünen meine, sondern den Debatten-Dauerbrenner »Zigeunerschnitzel.« Ich dachte, nach dem lächerlichen Negerkuss- und Mohrenkopf-Krieg sei nun Ruhe an der Front. Doch auch hier gilt: Kaum ist Gras über ein Thema gewachsen, kommt ein Kamel und frisst es wieder auf.

Ein Verein von Sinti und Roma in Hannover fordert aktuell, »Zigeunersoße« in »Paprikasoße« umzutaufen. Diese Aktion würde ich ja noch verstehen, wenn man etwas Ekliges nach Städten oder Volksgruppen benennt. Aber selbst die schwäbischen Köstlichkeiten Nonnenfürzle (Fettgebackenes) und Herrgottsbescheißerle (Maultaschen) tragen ihre Namen mit Würde. Und es gibt bekanntlich nach wie vor Gruppen der Sinti und Roma, die sich als Zigeuner verstehen.

Was sollen die Frankfurter, Hamburger, Leipziger, Berliner oder Wiener sagen, die man laut Speisekarte auch essen kann?

Die Firma Knorr hat beschlossen, trotz Bannstrahl der Sprachpolizei die Bezeichnungen »Eskimo« für ihr Eis und »Zigeunersoße« beizubehalten. Richtig so! Denn niemand glaubt doch ernsthaft, jemand würde zum Rassisten, wenn er Eskimo-Eis schleckt oder Zigeunerschnitzel isst. Oder wenn er sich an Johann Strauss' Operette »Zigeunerbaron« erfreut.

Der Zentralrat der Sinti und Roma hat recht, wenn er zu dem Vorschlag aus Hannover meint, man dürfe das Anliegen eben dieser Volksgruppen nicht selbst ins Lächerliche ziehen.

Genießen wir also die leckeren Speisen, bei denen jeder nur Gutes im Sinn hat und einem das Wasser und nicht der rassistische Geifer im Munde zusammenläuft. Die Debatte ist nichts als Quatsch mit (Zigeuner-)Soße.

Die falsch verstandene Achtung vor der Schöpfung

Für die Liebsten nur das Beste, heißt es in einer Werbung. Im Angebot: ein Dialog von Forelle und Lachs, Pastete von Kaninchen und Rind, Geflügelcocktail von Ente und Truthahn.

Was wie ein Festmenü für ein romantisches Candle-Light-Dinner klingt, ist der normale Wahnsinn auf dem Speiseplan unserer vierbeinigen Familienmitglieder; das Ganze möglichst aus einem mit Swarovski-Steinen besetzten Napf für schlappe 700 Euro.

Rund vier Milliarden Euro geben die Deutschen jährlich für Tierfutter und Accessoires wie Designer-Mäntelchen oder Tragetäschchen aus. Genauso viel, wie 2012 an Elterngeld gezahlt wurde. So die Statistiken anlässlich des Weltkatzentages.

Diese »Gedenktage« für Milch, Bäume, Feuchtgebiete und Radfahren finde ich eigentlich Blödsinn, diesmal war es gut, dass sich die Medien mit dem Thema beschäftigten.

Klar, dass man Haustiere nicht als Spielzeug benutzen sollte oder gar als Sache, wie es bis vor Kurzem noch Gesetzeslage war. Wer Tiere quält oder sie vor dem Urlaub einfach aussetzt, gehört bestraft. Aber ist es etwa artgerecht, Tiere zu Luxus-Lebewesen zu machen? Diese völlig überzogene Tierliebe muss wie Hohn für all die Menschen klingen, die nicht wissen, wie sie über die Runden kommen. Was soll ein Kind aus einem Hartz-IV-Haushalt denken, das sich in der Suppenküche die einzige warme Mahlzeit des Tages holen muss, wenn es Regale voller Tier-Delikatessen in den Supermärkten sieht? Dort ist übrigens nur noch ein Eckchen für Babynahrung reserviert, das große Geld wird heute mit Tieren gemacht.

Beim Kiez-Spaziergang komme ich an diversen Tagesstätten vorbei. Die für Kinder und Alte wirken renovierungsbedürftig, die für Hunde wie reiner Luxus – auch was die Preise angeht. Es gibt Katzen-Cafés und Hunde-Hotels, aber Ferienbetreuung für Kinder sucht man meist vergebens. Übermenschliche Tierliebe, die aus Vierbeinern Luxus-Lebewesen macht, hat mit Achtung vor der Schöpfung nichts zu tun. Ein großer Hund in einer kleinen Wohnung braucht Auslauf, kein Vier-Sterne-Menü.

Ein Ostalgie-Verbot brauchen wir nicht

Immer wenn ich in mein Studio am Brandenburger Tor komme, rege ich mich auf. Auf dem Pariser Platz, dem meistbesuchten der Hauptstadt, lassen sich Touristen gern mit ein paar Irren fotografieren, die sich dort täglich in DDR-Uniformen mit der Flagge des untergegangenen Unrechts-staats postieren. Und die wirren Berlin-Besucher zahlen auch noch Geld dafür. Bei so viel Geschichtsvergessenheit schwillt dem Hahne der Kamm!

Deshalb ist es gut, dass der Berliner CDU-Generalsekretär Kai Wegner fordert, das Tragen von DDR-Symbolen zu ver-bieten. Volker Kauder hatte das bereits ins Gespräch ge-bracht, nachdem im Mai des vergangenen Jahres eine Grup-pe von Uniformierten des ehemaligen Stasi-Wachregiments im Treptower Park aufmarschiert war. Diese Verhöhnung der Opfer des SED-Regimes schreit zum Himmel. Dagegen muss man etwas tun!

Doch ist ein Verbot wirklich der richtige Weg? Justizmi-nisterin Sabine Leutheusser-Schnarrenberger (FDP) lehnt dies im Juli 2013 mit der Begründung ab: »Die Unrechtstaa-ten des SED-Regimes dürfen nicht mit den Gräueltaten des Nationalsozialismus gleichgesetzt werden.« Da hat sie recht. Allerdings ist in Polen, Litauen und Estland das Tragen kom-munistischer Symbole in der Öffentlichkeit verboten.

Dass sich deutsche Schulklassen ahnungslos mit diesen »Uniformierten« ablichten lassen, zeugt nicht gerade von gutem Geschichtsunterricht. Laut Umfrage haben viele Jugendliche von der DDR keine Ahnung und halten Ho-necker für einen Bundeskanzler. Gegen Unkenntnis hel-fen keine Verbote, da hilft nur stetes Erinnern gegen das Ver-gessen. Zu Recht warnt Bundespräsident Gauck vor einer Ostalgie, die die Vergangenheit verklärt, statt dass man über die Schrecken aufklärt.

Ich rate jedem Berlin-Touristen, das Stasi-Zuchthaus Hohenschönhausen zu besuchen. Wer die Folterzellen gesehen und die Geschichten der Inhaftierten gehört hat, braucht kein Verbot, um zu wissen, wie man mit Symbolen der DDR umzugehen hat.

Was uns die Super-Senioren über 100 lehren

Es war mein erstes TV-Interview. Ich war Mitte 30, gerade am neuen Arbeitsplatz, und sollte den ältesten Deutschen besuchen. Meine Begeisterung hielt sich in Grenzen, erwartete ich doch einen senilen Opa, dem man ein paar sendbare Sätze aus der Nase ziehen müsste. Weit gefehlt!

In seinem Heidelberger Seniorenheim sagte der rüstige Rentner zur Begrüßung: »Stören Sie mich nicht allzu lang, ich bin an meiner vierten juristischen Doktorarbeit.« Mit seinen 108 Jahren war er voller Tatendrang, geistig auf der Höhe und korrekt gekleidet.

Gerontologen der Uni Heidelberg haben jetzt eine Studie veröffentlicht, für die sie 112 über Hundertjährige befragt haben. Und diese Arbeit wirft alle (Vor-)Urteile über das Altwerden über den Haufen. Das hat mit einem Wartesaal auf den Tod voller Gebrechen und Gedächtnisverlust wenig zu tun. Natürlich gibt's auch viele Pflegefälle, Demenz und Alzheimer. Jedoch: »Die allermeisten haben noch Pläne, Ziele und Zukunftsvisionen«, sagt Studienleiterin Daniela Jopp. Sie fühlen sich wie früher 70-Jährige und sind meist zufrieden. Weil sie schon so viel erlebt haben, hauen sie Altersbeschwerden nicht um. Jüngere jammern heute mehr.

Für mich ist die wichtigste Botschaft der Studie, dass niemand Angst vor dem Alter haben muss, wenn er in jungen Jahren richtige Prioritäten setzt. Die Gruppe der Hundertjährigen wird ja immer größer. Ihre Zahl hat sich seit dem Jahr 2000 auf 13 000 verdoppelt, die Hälfte aller nach 1970 geborenen Mädchen hat beste Chancen, den 100. Geburtstag zu feiern.

Damit dieser medizinische Fortschritt insgesamt zu mehr Lebensqualität führt, können wir vom Optimismus der Super-Senioren nur lernen. Das Zusammenleben mit anderen ist entscheidend, so die Studie. Wer im Alter allein lebt, ist deutlich unzufriedener. Am wichtigsten für das Wohlbefinden seien »die Stärken der Seele«. Deshalb sollte man fürs Alter nicht nur materiell und medizinisch vorsorgen. Fitness an Geist und Seele, Freundschaften und Familie bewahren davor, dass die Jahrzehnte nach dem Beruf als pures Warten auf den Tod empfunden werden.

Die Frauen, der Fußball und der Humor des ZDF

Endlich mal was Lustiges aus einer Firma, die sich »Anstalt« nennt, und schon ist das auch nicht recht, die halbe Nation befindet sich im Erregungszustand.

Statt Werbung für Windeln und Treppenlifte präsentiert das ZDF einen witzigen Trailer zur Frauenfußball-Europameisterschaft in Schweden. Eine Frau im Nationaltrikot versenkt einen schmutzigen Ball im Trommel-Rund einer Waschmaschine, um dann das 40-Grad-Programm »Leder« einzuschalten.

Wow – diese Frau! Sie trifft im Sinne der berühmt-berüchtigten Torwand, Markenzeichen des »Sportstudios«, auf Anhieb ins Rund, das haben noch nicht einmal Kaiser Franz oder unser aller Schweini geschafft. Ein Volltreffer auch die Idee, mit der Waschmaschine ein Klischee aufs Korn zu nehmen: Frauen an den Herd, in den Haushalt, an die Wäsche.

Wer immer sich diesen Gag ausgedacht hat (vielleicht war es ja eine Frau), hat nicht gendergerecht gedacht und musste folglich abgestraft werden. Sport- und Spottjournalisten fordern die Absetzung des angeblich frauenfeindlichen Werbefilms. Die spaßfeindliche Gutmenschen-Gleichung lautet: Frauenbein neben Waschmaschine ist per se sexistisch, da gibt es kein Pardon. Keine Floskel lassen die Korrektheitsapostel aus: Der Sender »schießt sich ins Aus«, zumindest »ins Abseits«, »eckt bei Frauen an« und »erzielt ein Eigentor«.

Der Quatsch-Storm hat gewirkt: Das ZDF stückelte eine neue Szene an den Trailer; jetzt ist auch ein Mann zu sehen. Der Mann bügelt. Platter gehts nicht.

Angela im Neuland und die Koalition der Häme

Ist unsere Bundeskanzlerin Angela Merkel zu dumm für die moderne Internet-Welt? Hockt Mutti quasi als Oma hinter den sieben Bergen? Twitterweise ergießen sich Hohn und Spott über Angela Merkel, seitdem sie auf der Pressekonferenz mit US-Präsident Barack Obama erklärte: »Das Internet ist für uns alle Neuland.«

Nichts anderes scheint der Netzgemeinde vom Obama-Besuch mehr wichtig, »Neuland« wurde in Sekundenschnelle bei Twitter zum Trendbegriff Nummer eins. Und wer bei Google »Merkel« eingibt, bekommt als Vorschläge nicht mehr Bundeskanzlerin oder Deutschland angeboten, sondern Neuland.

Rund 965 000 Artikel sind das Ergebnis der Empörungs- und Witzwelle. Die Merkel-Neuland-Nummer beflügelt die Fantasie der Häme, als hätte die Kanzlerin – wie einst Helmut Kohl – die Datenautobahn für eine Straße gehalten. Natürlich immer anonym und meist geistlos fallen die Netzversteher in grenzenloser Gehässigkeit über Merkel her, als gäbe es kein Morgen.

Hat sie nicht recht, dass das Internet wirtschaftlich, gesellschaftlich und juristisch noch immer Neuland ist? Und bei der dramatischen Internet-Spionage (und darum ging es bei dem Neuland-Spruch!) ist nach wie vor ungeklärt, wie Freiheit und Sicherheit im Netz abzuwägen sind.

Rund ein Viertel der Deutschen ist nicht online, meist die Generation 60 plus. Für sie ist »Neuland« nicht neu, sondern unerreichbar fern. Und die anderen 75 Prozent surfen und mailen meist nur, eine App nutzt bloß jeder Zehnte – einmal pro Woche.

Das ist der nüchterne Neuland-Befund. Die ganzen Möglichkeiten von Web 2.0 nutzt eine Minderheit, die sich jetzt überheblich zum Twitter-Gewitter erhebt.

Dumpfes Stammtischgedröhn wird nicht dadurch intelligenter, dass es im Internet daherkommt. Wer eine Suchmaschine bedienen kann, ist noch längst nicht schlau. Die Kollegen der »Süddeutschen Zeitung« titelten treffend:

»Neuland-Aufschrei im Spießer-Netz«. Der aktuelle Shit-storm sagt viel aus über die Netzgemeinde und wenig über die Qualität der Kanzlerin. Noch viel, viel Bildung, Weisheit und Demut zum Beispiel braucht jene Userin, die twitterte: »Wenn ich mal groß bin, will ich Kanzlerin von Neuland werden.«

Muss man gegen Barbies Welt wirklich Krieg führen?

Pöbeleien gegen eine pinkfarbene Puppenwelt – es gibt nichts, wogegen in Berlin nicht demonstriert wird. Diesmal hat sich ein spaßbefreit-spießiges Komplott aus empörten Grünen, erregten Femen-Aktivistinnen und einem Internet-Flashmob namens Pinkstinks das neue Barbie-Haus am Alexanderplatz zum Ziel erkoren.

Selbst die Lehrergewerkschaft GEW ist sich nicht zu schade für diesen primitiven Protest, richtet der sich doch angeblich gegen ein Rollenbild, das Frauen »auf Schönheit und Schlankheit reduziert«.

Die Demo gegen Barbies Lebenswelt pervertierte sogar zum Kreuzzug: Eine der Femen-Aktivistinnen reckte bei der Eröffnung ein brennendes Kreuz gen Himmel, an das eine Barbie-Puppe angenagelt war. Auf ihrem entblößten Oberkörper stand die Parole: »Life in plastic is not fantastic.« Als käme irgendjemand auf die Idee, ein Leben in Plastik fantastisch zu finden.

Nur spielen halt die gut 20 Jahre jüngeren und fröhlichen Geschlechtsgenossinnen dieser Steinzeit-Feministinnen gern mit Barbie und Ken und werden dadurch für ihr

Restleben nicht zwingend verdorben. Natürlich kann man Barbie doof, kitschig und kommerzialisiert finden. Doch wie borniert und verbohrt muss man sein, um allen Ernstes zu glauben, dass eine dürre Plastikpuppe auf ein Kind mehr Einfluss haben kann als Eltern, Geschwister, Freunde, Tagesmütter oder Lehrer? Millionen Mädchen – und manchmal auch Jungs – macht die Barbie-Welt in einem bestimmten Lebensalter einfach Spaß, bevor sie dann vielleicht für Angelina Jolie oder die neue Piraten-Geschäftsführerin schwärmen.

Dagegen einen Kreuzzug organisieren und eine Sexismusdebatte inszenieren? Herr, schick Hirn! Oder, passend zu Pfingsten: Ein Schuss Heiliger Geist könnte den Krawall-Trinen, für die pinkfarbene Mädchenträume per se politisch unkorrekt sind, nicht schaden.

Das Kreuz ist auch ein Symbol für die Werte des Grundgesetzes

»Das Kreuz ist eine Bedrohung für alle Nichtchristen«, meint ein türkischer Abgeordneter. Deshalb müsse es aus dem Münchner Gerichtssaal entfernt werden, in dem der NSU-Prozess verhandelt wird.

Die bayerische Staatsregierung beharrt jedoch auf dem Kreuz an der Wand und begründet dies mit der christlichen Tradition. Selbst dem Vorsitzenden des Zentralrats der Muslime in Deutschland geht die »Kreuz ab!«-Forderung aus Ankara zu weit.

Lohnt es sich wirklich, für das Kreuz zu streiten, wo sich das Gericht schon mit der Presseplatz-Verlosung blamiert hat? Wenn man das Thema mit Worthülsen wie »christliches Abendland« abtut, kann man's in der Tat gleich abhängen.

Das Kreuz ist im demokratischen Nachkriegsdeutschland ein Symbol für das, was die Mütter und Väter unseres Grundgesetzes bewusst in dessen Präambel geschrieben haben, als Lehre aus der Nazi-Barbarei: »In Verantwortung vor Gott und den Menschen.« Nie wieder sollten Gott und seine Gebote abgeschafft und ein »Führer« eingesetzt werden, der das Recht beugt. Auf diesem Vorsatz beruhen die Grundrechte wie Menschenwürde, Menschenrechte, Gleichheit vor dem Gesetz und Gleichwertigkeit von Mann und Frau. Diese Werte sind im Neuen Testament der Bibel nun mal eher zu finden als im Koran. Das gehört zur historischen Wahrheit.

Unbestritten ist, dass im Namen des Kreuzes viel Unheil angerichtet worden ist, man denke nur aktuell an die Missbrauchsskandale. Das spricht jedoch nicht gegen das Kreuz, denn es käme ja auch niemand auf die Idee, etwa die Reformpädagogik nur deshalb abzulehnen, weil sie an der Odenwaldschule von Kinderschändern pervertiert wurde.

Die Bedeutung des Kreuzes als Symbol von Recht und Gerechtigkeit gerade nach den bitteren Erfahrungen des Dritten Reichs leuchtet selbst Nichtchristen ein, wenn man es offensiv erklärt und nicht religiös verklärt. Wenn ein Kabarettist spottet, man könne statt des Kreuzes doch eine Brezel in den Gerichtssaal hängen, finde ich das nicht witzig, sondern dumm. Wer in falsch verstandener Toleranz das Kreuz abhängt, verdrängt die Lehren aus dem schlimmsten Kapitel unserer Geschichte. Wer sich allerdings bloß auf

abendländische Traditionen beruft, kann auch ein Bild von
Goethe aufhängen – oder eben eine Brezel.

Ein Experiment der Bahn, das Schule machen sollte

»Versetzen Sie sich doch mal in meine Lage«, klagte die alte
Dame, als ein junger Schnösel am Fahrkartenautomaten
drängelte, weil die Frau mit der kleinen Schrift auf dem Dis-
play und den verworrenen Angeboten von Kurzstrecke bis
Netzkarte nicht fix genug zurechtkam.

Genau das tut jetzt die Bahn mit einem Experiment, das
die Mitarbeiter für Probleme von Senioren sensibilisieren
soll.

»Bild«-Kollege Florian Schmidt, 22, hat die Probe aufs Ex-
empel gemacht und sich in einen 70-Jährigen verwandelt:
Ein 17-Kilo-Anzug macht die Glieder lahm, ein gelbes Visier
trübt die Sicht, Kopfhörer simulieren Schwerhörigkeit. Ergebnis: Alles ist viel langsamer und komplizierter. Dass es
als Oldie so schwer sei, hätte er nie gedacht, so Schmidts
Fazit.

Erfahrungen wie diese kann man überall im Alltag machen: Die Gänge in vielen Supermärkten sind viel zu eng
für Senioren mit Rollatoren; Sonderangebote und Wühl-
tische stehen im Weg; Regale sind auch nur was für groß
gewachsene Jünglinge; Dosen und Gläser sind meist so ge-
stapelt, dass man schon ein Zirkus-Jongleur sein muss, um
ein Exemplar zu fassen zu kriegen, ohne dass alle anderen
sich selbstständig machen. Ich muss oft an Ephraim Kish-
ons Satire »Rafi im Supermarkt« denken, wo der kleine

Knabe von einem Dosenstapel zielgenau »die zentrale Stützkonserve« ergattert und den ganzen Berg zusammenfallen lässt.

An Bahnhöfen kann man erleben, dass wochenlang wichtige Rolltreppen oder Aufzüge defekt sind. Warum denkt niemand an Senioren oder Behinderte und gibt der Reparatur oberste Priorität? Überhaupt sind im öffentlichen Leben die Schriften meist zu klein – ganz zu schweigen von dem »denglischen« Blödsinn wie Bike-Station, Info-Corner oder Paket-Shop.

Sich öfter mal in die Lage der anderen, der Konsumenten und speziell der Senioren zu versetzen, das könnte uns allen das Leben erleichtern. Das Bahn-Experiment sollte Schule machen!

Warum dürfen die Straßen von Berlin keine Männernamen mehr bekommen?

Kaum eine Metropole der Welt macht sich mit der Inszenierung von Provinzpossen so lächerlich wie die deutsche Hauptstadt. Das jüngste Kapitel: Frauenquote und Straßennamen. Da sollte der Platz vor dem weltbekannten, jährlich von einer Million Touristen besuchten Jüdischen Museum nach Moses Mendelssohn (1729–1789) benannt werden. Doch der berühmte Philosoph und jüdische Aufklärer hat offenbar einen entscheidenden Fehler: Er war ein Mann. Und Männer haben keine Chance mehr, auf ein Namensschild zu kommen, bis nicht mindestens die Hälfte aller Straßen im Berliner Bezirk Friedrichshain-Kreuzberg nach Frauen benannt sind.

Ein weiteres Manko von Mendelssohn: Er war nicht links-radikal. Denn bei Radikalen machen die Kreuzberger mit ihren kulturkämpfenden BlockwartInnen gern mal eine Ausnahme: Trotz Quote gibt es eine Rudi-Dutschke-Stra-ße und inzwischen auch eine für den Hausbesetzer Silvio Mayer. Nur bei einem angesehenen Juden kennen die prin-zipienreitenden Provinz-Pedantinnen und -Pedanten kein Pardon, und über Berlin lacht wieder mal die ganze Welt.

Noch peinlicher der Kompromiss: Auf dem Straßenschild findet nun auch die Philosophen-Hausfrau und Mutter von zehn Kindern Platz, dort steht also künftig »Fromet-und-Moses-Mendelssohn-Platz.« Die Kreuzberger Links-Spießer sind also nicht nur fanatisch konsequent, sondern auch noch fantastisch dumm. Denn nun ist die Frau wieder dort, wo die Quote sie doch weghaben wollte: ein Anhängsel ihres Mannes, Funktion: Gattin.

Apropos dumm: Die Grünen hatten als gender-konforme Alternative doch tatsächlich Rahel Varnhagen vorgeschla-gen. Doch da die Autorin einst zum Christentum konver-tierte, wäre das so, als hätte man den Platz vor der Grünen-Zentrale nach Otto Schily benannt, der die Ökopartei Richtung SPD verließ.

Für die andere Provinzposse ätzt der Historiker Götz Aly nun mit diesem coolen Vorschlag: Ruth-und-Brigitte-See-bacher-und-Willy-Brandt-Flughafen-Berlin-Brandenburg. Wenn es nicht so traurig wäre, könnte man über diesen que-ren Quoten-Quatsch schmunzeln. Doch provinzielle Pein-lichkeit und linkes Spießertum tun nur noch weh.

Obamas drei Trotz-Sätze
gegen den Terror

»Amerika steht jetzt zusammen! Keine Bombe kann uns besiegen! Wir beten für Boston!« Drei Trotz-Sätze gegen den Terror, mit denen sich US-Präsident Obama kurz nach dem Anschlag in Boston an seine Nation wendet.

So kenne ich Amerika von vielen Besuchen, auch direkt nach dem verheerenden Anschlag vom 11. September 2001: Nach dem Schock wird durchgeatmet und innegehalten, doch dann brechen sich Stolz und Trotz die Bahn. Keine Spur von Resignation, stattdessen ein Wir-Gefühl. Beim Gedenkgottesdienst für die Opfer des Terroranschlags war dieses »Wir« in den USA mit Händen zu greifen.

In der Not kennen die Amerikaner keine Parteien mehr, keine Konfessionen und Religionen, keine Rassen und Klassen. Dann gibt es nur noch Amerikaner, die den Terror sogar während der Trauerreden mit Standing Ovations wegapplaudieren und ihre Verzweiflung mit der patriotischen Hymne »America the Beautiful« wegsingen. Da stehen Präsident Obama und sein republikanischer Rivale Romney, die sich 2012 einen schmutzigen Wahlkampf geliefert hatten, Schulter an Schulter. Da singen die Fans der Yankees, des New Yorker Baseball-Teams, in ihrem Stadion die Hymne ihres Erzrivalen, der Red Sox aus Boston.

Und aus dem Gefühl wird Gewissheit: Wir können den Terror besiegen, wenn wir alle mithelfen.

Bürger schickten spontan ihre Handyfotos und Überwachungsvideos ans FBI, blieben freiwillig in ihren Wohnungen, damit die Polizei die Terroristen jagen konnte. Mit Erfolg! In Deutschland hätte es wohl einer Sondersitzung des Bundestages bedurft, und ein paar übereifrige Politiker hätten den Datenschutzbeauftragten bemüht.

Während wir Deutschen häufig zwischen Trauma und Hysterie schwanken, besiegen die Amerikaner ihre Angst durch ihren Nationalstolz, sagte mir ein weit gereister Berliner Spitzenpolitiker.

Auch wenn die USA nicht in allem Vorbild sind – wie man in der Not zusammensteht, können wir von ihnen lernen.

Politiker sollen ihr Vermögen offenlegen

Wer im Kabarett die Lacher auf seiner Seite haben will, bezeichnet italienische oder französische Politiker als »Inbegriff vorbildlicher Ehrlichkeit«. Was sich in diesen Ländern bis in die Staatsspitze hinein an Abgründen von Korruption und Selbstbedienung auftut, lässt die Vorwürfe gegen Ex-Bundespräsident Christian Wulff zu den sprichwörtlichen Peanuts schrumpfen. Jüngstes Beispiel: Ausgerechnet der französische Minister, der für den Kampf gegen Steuerhinterziehung zuständig ist, hat selbst ein Schwarzgeldkonto. Auch andere Kabinettsmitglieder kommen ins Gerede.

Staatspräsident François Hollande tritt nun die Flucht nach vorn an und will künftig per Gesetz verhindern, dass korrupte Politiker jemals wieder ein Staatsamt bekommen. Zudem sollen alle Vermögensverhältnisse von Parlamentariern und Spitzenpolitikern veröffentlicht werden. »Vive la

France!«, kann man da nur rufen. Es lebe Frankreich, das hier wirklich zum Vorbild taugt.

Undurchsichtige Lobbyisten-Posten und ungeklärte Neben-einkünfte haben auch in Deutschland dazu geführt, dass das Ansehen unserer Politiker gering ist. Erst kürzlich er-mittelte die BAT-Zukunftsstudie, dass nur noch drei Prozent der Bürger ihren Parlamentariern vertrauen. Der Ruf nach »gläsernen Abgeordneten« wird lauter.

Was spricht dagegen, dass Leute, deren größtes Kapital Unabhängigkeit und Unbestechlichkeit sein sollte, Ein-kommen und Vermögen öffentlich machen? In den USA ist es selbstverständlich, dass ein Präsidentschaftskandidat sei-ne Steuererklärung ins Internet stellt. Es sind ja gerade Poli-tiker, die die Offenlegung und Begrenzung von Manager-Gehältern und Beamten-Nebentätigkeiten fordern. Diesem Anspruch müssen sie selbst genügen.

Also nur Mut, liebe Politiker! Auch mein Gehalt und das des ZDF-Intendanten sind bekannt. Wenn das hilft, verlore-nes Vertrauen in unsere Elite zurückzugewinnen, ist dieser Weg richtig. Wer die Total-Transparenz von Hartz-IV-Emp-fängern fordert, darf selbst nichts im Dunkeln lassen.

Warum unterstützen wir Steueroasen mit unserer Entwicklungshilfe?

Mit seinen Ideen geht Peer Steinbrück auf jeden Fall in die Geschichte ein: die Kavallerie Richtung Schweiz in Marsch zu setzen, um das dortige Bankensystem zu torpedieren. Jetzt müsste er schon U-Boote oder Kriegsschiffe losschi-cken, denn der neueste Steuerhinterziehungs-Schwarzgeld-

Skandal spielt auf kleinen Inseln in karibischer Ferne. Unvorstellbare Summen sollen in diese Oasen verschoben worden sein, auch von deutschen Großkapitalisten.

Ganz klar: Alles, was illegal ist, muss verfolgt und bestraft werden. Deutsche Staatsbürger haben sich an deutsche Gesetze zu halten. Doch warum in die Ferne schweifen? Warum kehren diejenigen, die jetzt überrascht aufschreien, als hätten sie nie gewusst, was in diesen »Oasen« so alles passiert, nicht vor der eigenen Tür?

Zum Beispiel in Potsdam, wo die rot-rote brandenburgische Landesregierung Teile ihres Beamten-Pensionsfonds auf Zypern und den Cayman-Inseln angelegt hat. Experten wussten doch, dass die hohen Renditen in diesen Schwarzgeld-Eldorados nur dem undurchsichtigen Bankensystem zu verdanken sind.

Oder der niedersächsische »Staatskonzern« VW, der amerikanische Gewinne im US-Bundesstaat Delaware versteuert, obwohl sich dort weder Werkshallen noch Büros befinden – nur ein Briefkasten, wie ihn Tausende andere Firmen auch haben. Nur aus dem Grund, weil dort die niedrigsten Steuersätze zu zahlen sind. Beides ist legal, doch nicht alles, was Recht ist, ist auch rechtens.

Und es ist ein Witz, dass karibische Steuerparadiese von Deutschland jährlich mehr als 300 Millionen Euro Entwicklungshilfe bekommen. All die »Fachpolitiker«, die sich darüber öffentlich empören, sollten die Kavallerie in der Kaserne lassen und stattdessen den eigenen Laden mit eisernem Besen ausfegen.

Abgeordnete sind keine Räuberbande

Auf keinen Beruf wird so gnadenlos öffentlich einge-droschen wie auf den des Politikers. Empörungswellen im Internet und pauschales Abwatschen der Volksvertreter, internetdeutsch »Shitstorm« und »Bashing« genannt, sind fast schon ein beliebter Volkssport. Merken wir gar nicht, dass wir damit das Kostbarste zerstören, das »unsere Mütter, unsere Väter« nach der Katastrophe des Zweiten Weltkriegs aufgebaut haben? Die beste Demokratie der Welt, repräsen-tiert durch frei gewählte Abgeordnete.

Wieder mal geht's ums Geld. Die Diäten der Bundestags-abgeordneten sollen, so rät eine Expertenkommission, künf-tig jährlich automatisch erhöht werden und sich an der Besoldung von Bundesrichtern – das sind derzeit 8520 Euro brutto – orientieren. Kaum gemeldet, schon der Aufschrei. Als seien Parlamentarier durchweg Absahner und Abzocker, faul und korrupt, geht ein Tsunami der Entrüstung durchs Land. Selbstbedienungsmentalität sei das, und schließlich müsse der kleine Mann seine Lohnerhöhung auch erst er-streiken. Dümmer geht's nimmer!

Es ist längst überfällig, dass Abgeordnetendiäten automa-tisch angepasst werden, um dem regelmäßigen Ritual des öffentlichen Aufschreis zu entgehen. Ich bin gegen Heim-lichtuerei, aber auch dagegen, dass die gut 600 wichtigsten Repräsentanten unserer Demokratie in den Dreck gezogen werden.

Kollegen des »Focus« haben recherchiert, wie häufig Abgeordnete Debatten im Bundestag schwänzen. Es sind so wenige und stets dieselben, dass alle Vorurteile gegen Plenums-Blaumacher wie ein Kartenhaus in sich zusammenfallen. Was Parlamentarier in der Hauptstadt und in ihren Wahlkreisen leisten, das geht weit über die übliche tarifliche Arbeitszeit normaler Arbeitnehmer hinaus. Also Schluss mit Shitstorms und Bashing!

Politiker sollen ein angemessenes Gehalt bekommen, sonst haben wir nur noch Beamte und Funktionäre im Bundestag. Abgeordnete sollten Nebeneinkünfte offenlegen, die zu begrenzen sind. Auch die Altersversorgung muss geregelt werden. Doch dann sollte man sie ihre Arbeit machen lassen und sie so behandeln, wie man selbst behandelt werden möchte. Schließlich sind sie Volksvertreter und keine Räuberbande.

Das Ansehen der Politiker ist tiefer im Keller, als ich geahnt habe

Beinahe jede zweite Leserzuschrift auf meine letzte Kolumne begann mit dem Satz: »Bisher haben wir Ihre Gedanken gern gelesen, doch jetzt ...« Was hatte ich falsch gemacht, hatte ich Verbrecher verteidigt? Ich hatte mir nur erlaubt, für eine gerechte Bezahlung unserer Parlamentarier zu plädieren, und davor gewarnt, die Abgeordneten als höchsten Souverän unserer Demokratie dauernd in den Dreck zu ziehen.

Wie dramatisch muss es um das Ansehen unserer Politiker bestellt sein, dass mir Leser deshalb die Treue kündigen! An solch einen Empörungs-Tsunami kann ich mich in fast zwei Kolumnen-Jahrzehnten nicht erinnern. Vonseiten der Politik bedankte sich allein Unionsfraktionschef Volker Kauder, nur wenige Leser waren meiner Meinung, die meisten spielten »Haut den Lukas«, und das keineswegs mit Pauschal-Argumenten.

Die Politiker als Prügelknaben der Nation statt als vorbildliche Volksvertreter. Absahner und Abzocker seien sie, in Debatten kaum anwesend, weit vom Wahlvolk entfernt und nah an Lobbyisten, überbezahlt und faul.

Wenn ich die Meinung unserer Leser zusammenfasse, wundere ich mich nicht mehr, dass die größte Volkspartei inzwischen die der Nichtwähler ist. Das Ansehen unserer Politiker ist im Keller, und zwar so tief, wie ich es im Traum nicht geahnt hätte.

Da es ja nicht um das Image einer kleinen Klitsche, sondern um den Bestand unserer Demokratie geht: Die Politiker müssen alles daransetzen, den (Vor-)Urteilen der Bürger offen zu begegnen. Nur sie haben es in der Hand, dass ihnen Achtung und nicht Verachtung entgegengebracht wird. Wer vorgibt, das Volk zu vertreten, kann nicht zur Tagesordnung übergehen, wenn er vom Volk verbal derart getreten wird.

Eine Schnapsleichen-Show, die alle Betroffenen verhöhnt

Hier stimmt des Wortes doppelte Bedeutung: Das ist Unter-Haltung, Fernsehen zum Wegsehen, eine TV-Perversion aus der untersten Schublade. Man muss nicht prüde und altmodisch sein, um die erste Ausgabe des neuen RTL-Formats

»Das Jenke-Experiment« einfach nur abstoßend zu finden. Wenn der Kollege Jenke von Wilmsdorff in den Folgesendungen in die Rolle eines Armen oder Alten schlüpft, mag das sinnvoll sein – und ist nichts Neues. Was er sich jedoch zum Start dieser Serie einfallen ließ, hat mit verantwortlichem Journalismus nichts zu tun.

Das »Experiment«, sich vier Wochen lang täglich bis zur Besinnungslosigkeit zu besaufen, um zu testen, »ob und wie sich meine Gesundheit durch exzessiven Alkoholkonsum verändert«, ist ein Schlag ins Gesicht für alle, die sich ernsthaft um diese Volkskrankheit mühen. Hat niemand an die Angehörigen gedacht, die von ihren Alkoholiker-Eltern traumatisiert sind? An die Frauen und Kinder von trinkenden und schlagenden Vätern? An die verzweifelten Versuche, durch Therapien vom Alkohol loszukommen?

ARD und ZDF bieten Themenabende zu Krebs, Alkoholismus oder Tod, an denen nach Spielfilm und Reportage in einem Talk mit Experten und Betroffenen diskutiert wird. Das bringt erfahrungsgemäß wenig Quote, ist aber Qualität und dient der Aufklärung. Diese Schnapsleichen-Show ist TV-Trash für Voyeure und hat mit dem vorgeblichen Ziel, abschreckend zu wirken, nichts zu tun.

Beim »Jenke-Experiment« frage ich mich, wo das enden soll: mit einem Drogenversuch oder den effektivsten Suizid-Methoden?

Sigmund Freud, alles andere als lebensfeindlich und konservativ, hat recht: »Der Verlust der Scham ist der Beginn von Schwachsinn.«

Schulen sind kein Schlaraffenland

Es ist so sicher wie das Amen in der Kirche: Nach jedem Regierungswechsel in einem Bundesland wird als Erstes die Schulpolitik umgekrempelt; unsere Kinder haben nur für eine Legislaturperiode Planungssicherheit. So will die neue Koalition in Niedersachsen jetzt mittelfristig das Sitzenbleiben abschaffen. Ein Riesenwirbel unter Experten – und das sind wir in Sachen Schule ja alle.

Sitzenbleiben sei ein Relikt aus der pädagogischen Mottenkiste und fördere die soziale Stigmatisierung, so die Befürworter der Abschaffung. Unsinn, kontern die Gegner, das sei pädagogischer Populismus, denn Scheitern gehöre zum Leben und Versäumtes nachzuholen sei keine Strafe. Auch ich frage mich, ob eine Wohlfühl-Schule mit Abschlussgarantie die Schüler wirklich zu mehr Leistung motiviert. Ich wäre ohne Druck früher den leichteren Weg gegangen.

Als ich gestern mit einem erfolgreichen Journalisten über das Thema sprach, outete er sich zu meiner großen Überraschung als zweifacher Sitzenbleiber. Und von seiner Enkelin wusste er zu berichten, dass sie den Plan aus Hannover ironisch so kommentierte: »Cool, dann haben wir ein schönes Leben und können mehr Party machen!« Faulenzen als Nebenwirkung der Pubertät ohne das Risiko von Konsequenzen, das wäre Schlaraffenland, aber keine Schule. »Mit dieser leistungsfeindlichen Einstellung enden wir im Mittelmaß«, kommentiert der Chef des Realschullehrerverbandes die Abschaffung von »Ehrenrunden«.

Es gibt genug Menschen, die es im Leben weit gebracht haben, obwohl sie mal hängen geblieben sind: Nobelpreisträger wie Albert Einstein oder Thomas Mann, Spitzenpolitiker wie Johannes Rau, Edmund Stoiber oder Peer Steinbrück, Moderatoren wie Thomas Gottschalk oder Harald Schmidt.

Im vergangenen Schuljahr blieben 170 000 Schüler, weniger als zwei Prozent, sitzen. Um dies zu verhindern, wäre es sinnvoller, die Ausbildung, Autorität und oft auch die Bezahlung der Lehrer zu stärken. Motivierte Lehrer sind besser für unsere Kinder als eine Kuschelpädagogik, die auf Noten verzichtet und Abschlüsse garantiert.

Wer mehr leistet, der soll mehr verdienen

Was ist gerecht? Diese Frage dürfte so alt sein wie die Menschheit. An ihr entzünden sich Revolutionen, von ihr leben Ideologen bis heute. Die einfachste Antwort ist die Forderung nach total gleichem Lohn für alle. Zu Recht wird ja kritisiert, dass Top-Manager am Tag mehr verdienen als eine Krankenschwester im Jahr.

Umso mehr hat mich das Ergebnis einer aktuellen Allensbach-Umfrage erstaunt. Da in Deutschland die Schere zwischen Spitzen- und Niedrigeinkommen immer weiter auseinanderklafft, beklagen zwei Drittel der Befragten eine Gerechtigkeitslücke. Doch sie rufen nicht »zur Revolution« auf – im Gegenteil: Was wir »Verteilungsgerechtigkeit« nennen, hat keinen Vorrang. Die meisten wollen lieber mehr Chancen- und Leistungsgerechtigkeit, dass also jeder vom Lohn seiner Arbeit leben kann und alle die gleichen Bildungschancen haben. Die große Mehrheit findet es okay, dass der, der mehr leistet, auch mehr verdienen soll.

Plumpe Propaganda nach simpler Gleichmacherei kommt also bei den Deutschen gar nicht gut an. Was jedoch nicht heißt, dass es egal ist, wer was verdient. Die Gehälter müssen, so der Kern der Allensbach-Studie, nur im Rahmen bleiben, um als gerecht empfunden zu werden. »Das Ausmaß der heutigen Lohnspreizung« empfinden viele Befragte als zum Himmel schreiendes Unrecht. Dagegen müsse die Politik etwas tun.

Die Verantwortung, diese Toleranz nicht durch übertriebene Gehälter zu zerstören, liegt also bei der besser verdienenden Elite. Wer die Schere zwischen Arm und Reich weiter auseinandergehen lässt, anstatt dabei zu helfen, sie zu schließen, zerstört das Vertrauen der Bevölkerung in die soziale Gerechtigkeit. Er sät Unzufriedenheit und erntet Wut.

Die Studie beweist, dass die Deutschen vernünftiger und zufriedener sind, als viele vermuten. Doch wer das ausnutzt, um sich die Taschen noch voller zu stopfen, spielt mit dem Feuer.

Alkohol kostet jährlich 73 000 Deutsche das Leben

Respekt vor dieser Frau! Vor einigen Jahren war Jenny Elvers-Elbertzhagen meine Wunschpartnerin bei einem TV-Quiz. Mein Kalkül: Sie kennt sich in der Showbranche aus, den Rest schaffe ich. Doch selbst bei Fragen zu Politik und

Geschichte war sie nicht zu toppen. Sie hat mehr auf dem Kasten als die Schreiberlinge, die sie als blondes Dummchen hinstellen.

Respekt auch jetzt! Ihre Alkoholbeichte lässt Jenny Elvers in ihrer Schwäche stark erscheinen. Stärker als die »Hochstapler mit ihren Lebenslügen«, wie »Spiegel«-Reporter Jürgen Leinemann jene Alkoholkranken nennt, die überzeugt sind, ihre Sucht verstecken zu können. Er selber hat auch dazugehört, ähnlich wie der CDU-Politiker Andreas Schockenhoff, der Sänger Peter Maffay, die Schauspieler Katrin Sass, Robert Atzorn oder Heiner Lauterbach. Sie alle haben sich öffentlich bekannt und sind jetzt trocken.

Es gibt Tugendwächter, die über solche Promis den Stab brechen und sich moralisch entrüsten. Wer nur ein bisschen Ahnung hat, weiß, wie schwer ein solches Bekenntnis fällt. Aber diese Offensive ist nötig, um den Sucht-Teufel Alkohol zu besiegen. Jeder weiß jetzt, was zu tun ist: Niemals auch nur zu einem Tropfen Alkohol verführen nach dem Motto »Ein Gläschen kann ja wohl nicht schaden«.

In Kantinen und Restaurants, auf Empfängen, Partys und Familienfesten – überall wird Alkohol angeboten. Natürlich steht neben dem Glas Sekt auch eines mit Orangensaft. Doch wer zur Alkohol-Alternative greift, muss sich oft blöde Sprüche anhören. Umgekehrt wäre es richtig!

Alkohol tötet jährlich 73 000 Menschen in Deutschland, berichtet die Bundesregierung. Er zerstört Existenzen und Familien. Wir alle sind mitverantwortlich, denn kaum eine Krankheit wird so sehr per Verführung durch die Umwelt verursacht wie der Alkoholismus.

Saufbrüder (und -schwestern!) sind keine Stimmungskanonen, sondern arme Schlucker. Sie zu retten ist Nächstenliebe. Das mutige Bekenntnis von Jenny Elvers kann dabei helfen.

Kein Mensch ist zu alt für eine lebensrettende OP

Gern schmücken sich Krankenkassen mit dem wohlklingenden Etikett »Gesundheitskasse.« In dem Fall einer 72 Jahre alten Hamburgerin ist wohl eher der Begriff »Sterbekasse« korrekt. Denn die Kasse verweigerte der an Leukämie erkrankten Seniorin die Übernahme der Kosten für eine lebensrettende Stammzelltransplantation. Das kalte Argument der Krankenkasse: »Die Behandlung verstößt gegen das Wirtschaftlichkeitsgebot.« Im Klartext: Diese Frau ist einfach zu alt, um ihr eine 110 000 Euro teure Operation zu finanzieren.

Ohne die Behandlung hätte die Frau, so berichtet das »Hamburger Abendblatt«, nur noch ein Jahr zu leben gehabt. Sie ließ sich auf eigene Kosten operieren, klagte gegen die Kasse und bekam vom Sozialgericht recht.

Jeder weiß, die Ressourcen im Gesundheitswesen sind knapp und die Überalterung unserer Gesellschaft wird immer teurer. Aber es ist ein Skandal, wenn Versicherungen Milliardenüberschüsse melden, aber älteren Beitragszahlern teure Operationen verweigern. Wir dürfen nicht hinnehmen, dass neben der oft kritisierten Zweiklassenmedizin von privat und gesetzlich Versicherten künftig eine Dreiklassenmedizin entsteht: Wer alt ist, bekommt gar nichts mehr.

Bundesgesundheitsminister Daniel Bahr klagte 2012, in Deutschland würden weltweit die meisten Knie- und Hüftoperationen durchgeführt. Müssen Senioren deshalb Angst haben, bald OPs selbst zahlen zu müssen? Es ist doch logisch, dass Ältere höhere Genesungskosten verursachen als Jüngere. Genau deshalb gibt es doch unser Sozialsystem. Wir dürfen es nicht zulassen, dass Alte gegen Junge ausgespielt werden und Gesundheit nur nach Kassenlage garantiert wird. Es ist schlimm, wenn erst Richter eingreifen müssen. Ärzte sollen Leben retten! Krankenkassen-Bürokraten dürfen sie daran nicht hindern!

Ein Verrat, der zum Himmel schreit

»So sind sie eben, die sogenannten Christen!« Diese sieben Worte schmerzen mich als (evangelischen) Christen mehr als all die Hetztiraden, die jetzt im Internet gegen die katholische Kirche abgefeuert werden.

Es sind Reaktionen auf die Meldung, dass eine junge Frau von zwei katholischen Kölner Kliniken abgewiesen wurde, als sie die Spuren einer mutmaßlichen Vergewaltigung untersuchen lassen wollte.

Die Kirche spricht von einem Missverständnis, da man im Sinne der Morallehre auch bei Vergewaltigungen keine Abtreibung vornehme. Eine Notärztin erhebt jedoch schwere Vorwürfe gegen ihre konfessionellen Kollegen, weil es um eine bloße Beweissicherung und Erstversorgung gegangen sei. Aus übertriebener Angst, mit den Kirchenoberen dennoch Ärger zu bekommen, hätten sie die Frau lieber weggeschickt. Wo bleibt da die Nächstenliebe? Steht nicht das Gleichnis vom barmherzigen Samariter in derselben Bibel, die das Töten von Menschenleben verbietet?

Ein Proteststurm gegen die Kirchenführung erhebt sich auch beim Thema Missbrauch. Noch drei Jahre nach Bekanntwerden der ersten Fälle wird man den Eindruck nicht los, dass da weiter gemauert, vertuscht und verharmlost wird.

Ergreifend war der Auftritt eines Opfers im ARD-Morgenmagazin. Unter Tränen berichtet der Mann, wie es ihm in den 1960er-Jahren bei den Regensburger Domspatzen ergangen ist. Er tut das ohne Wut, ganz ruhig, ohne Namen zu nennen, ohne pauschalen Hass auf die Kirche. Er ist nur enttäuscht, dass er kein Gehör findet und mit Formbriefen abgespeist wird. Er frage sich, wie die Verantwortlichen vor dem Jüngsten Gericht bestehen wollten, von dem sie doch immer predigen.

Die Kirchen sind dabei, ihr wichtigstes Kapital zu verspielen: Vertrauen und Glaubwürdigkeit. Ein solcher Verrat an den eigenen Grundsätzen schreit zum Himmel.

Rettet die Kinderbücher vor der Sprachpolizei!

Müssen Kinderbücher umgeschrieben werden? Gehören alte Ausgaben, die von Generation zu Generation weitergegeben werden, auf den Müll?

Aus Otfried Preußlers 1957 erschienenem und in 47 Sprachen übersetzten preisgekrönten Bestseller »Die kleine Hexe« soll jetzt die Fastnachtsszene gestrichen werden, in der sich die Kinder als »Negerlein, Türken mit weiten Pluderhosen, Hottentotten-Häuptlinge und Eskimofrauen« verkleiden. Und bei »Pippi Langstrumpf« wird der »Negerkönig« in »Südseekönig« umbenannt.

Der Räuber-Hotzenplotz-Verlag begründet das offiziell damit, die Bücher »dem sprachlichen und politischen Wandel anzupassen. Nur so bleiben sie zeitlos«.

Was für ein Unsinn! Das ist doch das Schöne an Märchen, dass sie eben nicht zeitlos sind, sondern unsere Fantasie bewusst in andere Epochen mit ihrem zeittypischen Milieu reisen lassen. Die Neusprech-Jünger der politischen Korrektheit wollen uns das verbieten.

Doch wo anfangen und wo aufhören? Warum sollte man aus Karl May die Indianer streichen, die Bleichgesichter aber nicht? Komischerweise kommt niemand auf die Idee, bei Grimms »Rotkäppchen« aus dem bösen Wolf eine böse Wölfin zu machen. Daran sieht man, wie absurd diese Moraldiktatur ist.

Auch Kinderbuch-Klassiker sind Kunst und Kultur. Sie zu korrigieren ist dumme Zensur, sie zu interpretieren intelligente Pflicht. Wer zu faul ist, Kindern beim Vorlesen die Zeitbezüge zu erklären, sollte sich schämen.

Ich vertraue dem klärenden Gespräch der Eltern mehr als dem Rotstift intoleranter Tugendwächter. Wer Texte umschreibt, um ihnen das Anstößige zu nehmen, macht aus ernsthafter Literatur gefälligen Schund.

Übrigens: Mark Twains »Tom Sawyer« müssten Sprachpolizisten schnellstens ganz aus dem Verkehr ziehen. Denn darin kommt zweihundertneunzig Mal das Wort Nigger vor.

Wolfgang Thierses Schwaben-Schelte ist die reine Heuchelei

Ein Berliner Spitzenpolitiker kritisiert, dass sich in der deutschen Hauptstadt zu viel türkische Lebensart breitgemacht hat: »Ich wünsche mir, dass die Türken begreifen, dass sie jetzt in Berlin sind. Und nicht mehr in ihrer Kleinstadt in Anatolien.« Er wolle mehr Currywurst statt Döner. Unvorstellbar? Hoffentlich. Aber Bundestagsvizepräsident Wolfgang Thierse hat ja in einem viel diskutierten Interview auch nicht gegen Türken oder andere Berlin-Zuwanderer gewettert, sondern gegen die schwäbischen Migranten. Ihn ärgere, dass es in seinem Wohnbezirk Prenzlauer Berg nun »Weckle« statt »Schrippen« beim Bäcker gibt und eben diese Schwaben nicht begreifen wollen, dass sie nicht mehr in ihrer »Kleinstadt mit Kehrwoche« leben. Wenn sie eine gewisse Zeit in Berlin wohnten, »dann wollen sie es wieder so haben wie zu Hause«. Und das passt Herrn Thierse nicht.

Was mir nicht passt: Dass ich so etwas über andere, die ihre Lebensformen »wie zu Hause« praktizieren, nicht ungestraft sagen darf. Dass das eine als Überfremdung gegeißelt, das andere als kulturelle Bereicherung begrüßt wird. Und dass oft dieselben Leute, denen es nicht bunt genug zugehen kann, jegliche Kritik daran als ausländerfeindlich verdonnern. Aber selbst über deutsche Mitbürger herziehen. Wer von Toleranz spricht, sollte tolerant sein.

Vom Karneval der Kulturen lässt sich in Multikulti-Seligkeit wohlfeil schwärmen, solange man selbst in einem schicken Kiez wohnt und für die eigenen Kinder Privatschulen bezahlen kann. Beispiele prominenter Politiker (und Journalisten!) gibt's genug. Diese Heuchelei ist es, die mich aufregt.

Wolfgang Thierse empfehle ich gern zum genussvollen Abbau seiner Vorurteile mein Lieblingslokal für gutbürgerliche Küche. In der »Zwiwwel« servieren ein Brandenburger Koch und seine aus Thailand stammende Frau Maultäschle, Spätzle, Kräuterflädle und andere schwäbische Köstlichkeiten.

Mehr Multikulti geht nicht. Weniger wäre in dem Fall auch schade.

Ohne Trost verkümmert jede Hoffnung

Es ist der Augenblick, der wie keiner die Ohnmacht der Mächtigen dokumentiert, eine der bewegendsten Szenen des Jahres 2012: Ein Präsident weint. Da steht der mächtigste Mann der Welt hilflos an dem Pult im Weißen Haus, das wir alle vom Fernsehen kennen, wenn es um die große Weltpolitik geht. Und mit ihm weint Amerika, ja die ganze Welt.

Trauer, Entsetzen, Fassungslosigkeit. Es waren nur wenige Minuten, doch es wurde zum schlimmsten Schul-Massaker in der US-Geschichte. 20 Kinder sind unter den 27 Opfern. Kinder, die ihr Leben doch noch vor sich hatten, ausgelöscht von einem Amokläufer, dessen Motive noch im Finsteren liegen. Und das kurz vor Weihnachten, kurz vor dem Fest der Kinder und der Familie.

Können wir noch nicht einmal mehr unsere Kinder beschützen, mitten in einem friedlichen, zivilisierten Land?

Selbst Josef hat das vor 2000 Jahren geschafft, als dem neugeborenen Jesuskind der Tod drohte. Was sind die Konsequenzen, die Obama jetzt fordert? Man denkt sofort an das liberale Waffenrecht in den USA, doch ausgerechnet im Bundesstaat Connecticut gilt das schärfste des Landes.

Vorschnell voller Vorurteile sollten wir die Tragödie nicht bewerten, Betroffenheitsrituale nützen wenig, aber ohnmächtig wollen wir auch nicht sein. Dass man jedoch direkt nichts tun kann, auch nicht für die Eltern, Geschwister, Mitschüler, ist es, was einen traurig und hilflos macht. Das letzte »Warum« bleibt ein Geheimnis, aber im Leiden wachsen Mitleiden und Mittrösten.

Einer der ersten Sätze aus der bewegenden Erklärung von Präsident Barack Obama geht mir nicht aus dem Kopf: »Uns ist heute das Herz zerbrochen.«

Daran muss ich denken, wenn ich die Lichterketten, die Adventskränze und Weihnachtsmärkte sehe. Kann man bei solchem Leid noch an Gott und seine Botschaft glauben? Doch, gerade jetzt, denn das Evangelium fasst die Adventsbotschaft so zusammen: »Gott kommt und heilt, die zerbrochenen Herzens sind.«

Ohne diesen Trost endete unsere Hoffnung an unseren Grenzen. Und wie eng die sind, sehen wir an der Schule in Newtown.

Auch wenn es wehtut: Es geht nicht ohne Tierversuche!

Eine frühere Kollegin brachte mich mit ihrer Heuchelei regelrecht zur Weißglut: Sie kämpfte fast fanatisch gegen

Tierversuche und war bei gefühlt jeder Tierschutzorganisation Mitglied. Doch wenn ihre Migräneanfälle kamen, öffnete sie ihre Handtasche und kramte ein Schmerzmittel hervor; angeblich das einzige, das ihr halt hilft gegen das unerträgliche Kopfweh.

Ich sah die Marke des Mittels, recherchierte ein wenig und stellte fest: Ohne Tierversuche würde es das segensreiche Medikament überhaupt nicht geben.

Nachdem das Bundeslandwirtschaftsministerium jetzt bekannt gab, dass im letzten Jahr rund 2,9 Millionen Tiere bei Versuchen eingesetzt worden sind, ist die Erinnerung wieder laut. Klar, man hat gleich die süße Katze von nebenan vor Augen oder den treuen Blick des goldigen Jack Russell Terriers.

Manche Zeitungen bebildern ihre Artikel bewusst so, obwohl bei den Tierversuchen in ganz Deutschland im Jahr 585 Katzen und 2474 Hunde betroffen waren; der Zwei-Millionen-Rest sind meist Ratten und Mäuse. Auch der Tierschutz-Missionseifer sollte bei der Wahrheit bleiben.

Tiere sind Geschöpfe und dürfen nicht leiden; und nicht jeder Zweck heiligt jedes Mittel. Jedoch verdanken wir den Tierversuchen der Antike (beginnend um 500 vor Christus) die ersten Arzneien und Operationen, ganz zu schweigen von der späteren Erforschung von Insulin, Antibiotika, Impfstoffen gegen Pocken und Influenza. Und solange es für zwei Drittel aller heute bekannten Krankheiten keine Therapie mit Heilerfolg gibt, brauchen wir die Forschung an lebenden Organismen.

Die einzige Alternative zu Tierversuchen wäre, den Menschen zugunsten der Tiere leiden und sterben zu lassen. Das ist die Wahrheit, und damit hat jeder in unserem freien Land die freie Entscheidung. Nur eines geht nicht: Die Errungenschaften der Medizin und der Pharmazie wie selbstverständlich zu nutzen, gleichzeitig jedoch strikt gegen Tierversuche zu sein.

Auch in diesem Fall ist die politische Korrektheit leider Dummheit, und auch dagegen ist bekanntlich noch kein Mittel erfunden worden.

Ein Politiker rastet aus.
Und ich verstehe ihn gut!

Darf ein Spitzenpolitiker einen Passanten vor laufenden Kameras anpöbeln, wenn der ihn provoziert?

Getan hat das Kurt Beck, der Mainzer Ministerpräsident, mitten in München am Tag der Deutschen Einheit im Oktober 2012. Er gab ein TV-Interview, als ein Student ihm zurief: »Wir Bayern bezahlen den Nürburgring!« Damit traf er zielsicher Becks wundesten Punkt: das von ihm mitverschuldete 330-Millionen-Desaster in der Eifel.

Als der Passant dann noch nachsetzte, auch der »Betzenberg«, also die Heimstätte von Becks Lieblingsverein 1. FC Kaiserslautern würde von Bayern bezahlt, platzte dem Ministerpräsidenten der Kragen, und alle Sicherungen brannten durch: »Können Sie mal das Maul halten einen Moment, einfach das Maul halten, wenn ich ein Interview mache? Sie sind nicht ehrlich, Sie sind dumm!«

Ich kann nachfühlen, wie das ist, mitten im Getümmel ein konzentriertes Interview zu geben. Da heißt es, Ruhe und Haltung zu bewahren. Ich möchte den sehen, der sich immer unter Kontrolle hat und der nicht die Nerven verliert, wenn man ihn durch Pöbeleien auf die Palme bringt. Ich verstehe die öffentliche Erregung über den ungehaltenen Ministerpräsidenten nicht. Mir ist jemand lieber, der seinem Ärger Luft macht und nicht alles wegsteckt oder überspielt.

So wie Beck bereits 2006, als ein Arbeitsloser ihm zurief »Weg mit Hartz IV!«, konterte: »Wenn Sie sich waschen und rasieren, dann haben Sie in drei Wochen einen Job!«

Politisch war das unkorrekt, menschlich in Ordnung. Man muss sich nicht von jedem jeden blöden Spruch gefallen lassen.

Ein anderer Pfälzer brachte es mit einem Video seines Ausrasters sogar in die Internet-Charts. Als Helmut Kohl 1991 in Halle/Saale mit Eiern beworfen wurde, verlor er die Beherrschung: Der Kanzler der Einheit rannte auf den Mann zu und packte ihn am Schlafittchen. Solche Wutbürger sind mir lieber als Leisetreter, an denen alles abzuperlen scheint.

Ist der Ganove Mehmet ein Opfer? Und verdient er unsere Gnade?

Erinnern Sie sich noch an Mehmet? So lautete das Pseudonym jenes Münchner Deutsch-Türken, der in den 1990er-Jahren die Republik in Atem und die Justiz zum Narren hielt. Mit 13 Jahren hatte er bereits mehr als 60 Straftaten auf dem Kerbholz, mit 14 überfiel er einen Mitschüler. Monatelang wurde darüber gestritten, ob man dem Jungen eine neue Chance geben muss. Doch alle Formen moderner

Resozialisierung halfen nichts. Die bayerischen Behörden schoben ihn schließlich in die Türkei ab.

Jetzt hat sich Mehmet unter seinem richtigen Namen Muhlis A. zurückgemeldet, und die Debatte beginnt von Neuem. Der inzwischen 28-Jährige hat durch seinen Anwalt ein »Gnadengesuch« an Bundespräsident Joachim Gauck gerichtet und sich darüber beschwert, die Behörden würden durch die »aufgeheizte Öffentlichkeit« derart negativ beeinflusst, dass sie seine Bitte um Rückkehr ablehnten. Ihm sei »Unrecht widerfahren«.

Dieser Mann, der sich zum Verfolgten der deutschen Justiz hochstilisiert, scheint nichts dazugelernt zu haben. »Man kann doch keinem 28-Jährigen heute noch Sachen vorwerfen, die er mit 14 Jahren getan hat«, lässt er die Kollegen der »Süddeutschen Zeitung« wissen. Das rührt jedes Herz, da hat er sogar recht. Nur rechnen kann er nicht. Vor sieben Jahren, da war der »14-Jährige« bereits 21, wurde er wegen gewalttätiger Angriffe auf seine Eltern verurteilt. Unsere Justiz sollte sich von Mehmet/Muhlis nicht am Nasenring herumführen lassen. Und den Bundespräsidenten um Nachsicht zu bitten, scheint mir ein reichlich dreistes Ansinnen. Wer – wie die Grünen – in der Härte der bayerischen Behörden eine »Hexenjagd« vermutet, ignoriert, dass ein Rechtsstaat zwar Gnade kennt, sich jedoch nicht von unverbesserlichen Kriminellen zum Narren halten lassen darf.

Warum schreibt er statt an das Staatsoberhaupt nicht an seine vielen Opfer, bittet sie um Vergebung, versucht, den Schaden wiedergutzumachen?

Die Armutsdiskussion in Deutschland ist reich an Heuchelei

Ob er denn arm wäre, habe ich den älteren Herrn offen gefragt, den ich seit Wochen die Müllbehälter in meinem Kiez nach Leergut absuchen sehe. Nein, arm sei er nicht, aber seine Rente reiche nicht für große Sprünge, und das Flaschengeld spare er, um den Enkeln gelegentlich ein Geschenk machen zu können.

Ein sauber gekleideter Rentner, der im Wohlstandsmüll kramt und dabei nicht resigniert, sondern bilanziert: »Anderen auf der Welt geht es doch noch viel schlechter.«

Der neue, heftig umstrittene Armutsbericht der Bundesregierung erweckt dagegen den Eindruck, als versänke ganz Deutschland in bitterer Not. »Jeder Siebte von Armut bedroht« oder »Ruhrgebiet Deutschlands neues Armenhaus« lauten die Schlagzeilen. Als müssten wir bald hungern und frieren. Denn genau das verbinden wir landläufig mit dem Wort Armut: Menschen, die ihre Kinder nicht kleiden, ihre Mägen nicht füllen, ihre Wohnung nicht heizen und die Arztrechnung nicht bezahlen können.

Von solcher Armut (die immerhin 1,2 Milliarden Menschen auf der Erde betrifft!) sind wir aber weit entfernt. Haben wir denn jegliches Maß verloren, wenn der Paritätische Wohlfahrtsverband jetzt vor sozialen Unruhen warnt? Wohlgemerkt: in Deutschland! Rund 2,4 Prozent der Bundesbürger sind im klassischen Sinn arm, das sind eindeutig 2,4 Prozent zu viel. Vor allem, weil davon meist Kinder betroffen sind. Aber es ist doch Unsinn, dass jetzt auch Menschen, die 1500 Euro monatlich zur Verfügung haben, suggeriert wird, bald zum Prekariat zu gehören. Erst hat man die Rentner verrückt gemacht, nun erklärt man halb Deutschland für arm. Was für ein verantwortungsloser Populismus!

Wir leben in einem der reichsten Länder der Erde. Wir können uns ein Gesundheits- und Rentensystem leisten, um das uns alle Welt beneidet. Die oberen 10 Prozent der Gutverdiener zahlen mehr als 50 Prozent der Gesamtsteuern, auch das gehört zur Wahrheit. Wir haben die geringste Jugendarbeitslosigkeit und immer weniger Langzeitarbeitslose.

Jetzt sollten wir uns um die wirklich Armen unter uns kümmern, statt das ganze Volk mit einer neuen Neiddebatte zu überziehen. Armes Deutschland, das sich darin gefällt, sich vor den wirklich armen Nationen als besonders notleidend zu profilieren.

Wie viel Schuld hat das Amt am Leid der kleinen Lena?

Haben unsere Politiker nicht hoch und heilig versprochen, dass solche Fälle in Zukunft unbedingt verhindert werden müssen? Doch jetzt ist wieder ein Kind tot, Lena, sieben Monate alt. Und wieder hat das Jugendamt nicht aufgepasst. Und wieder haben Politiker ihre Versprechungen nicht gehalten.

In Berlin soll ein 17-jähriger Vater seine Tochter zu Tode geschüttelt haben. Wieder wussten die Behörden von früheren Misshandlungen in der Familie, wieder konnten sie das

Leben des Babys nicht schützen. Dem Teenager-Vater drohen nun bis zu zehn Jahre Haft, doch was geschieht mit den Mitarbeitern des Jugendamtes, die bereits im August blaue Flecken am Körper der Kleinen festgestellt hatten? Sie verboten dem Vater zwar, sein Kind allein zu sehen. Doch trotz betreuten Wohnens, vom Jugendamt verantwortet, hat das offenbar niemand kontrolliert.

Es ist ein Skandal, dass im Durchschnitt auf 150 betreute und beobachtete Familien nur ein einziger Sozialarbeiter kommt. Das beklagte die Deutsche Kinderhilfe schon bei den Misshandlungs- und Todesfällen der letzten Zeit. Die Politik kündigte rasche Abhilfe an, doch nichts geschah. Es gibt immer noch zu wenig Sozialarbeiter in den Jugendämtern, die meist unterbezahlt und überarbeitet ihren Dienst tun.

Dafür beobachte ich Geschwader von Ordnungsamt-Mitarbeitern, wie sie mit Zollstock bewehrt in den Straßencafés nach Tischen fahnden, die ein paar Zentimeter zu weit auf den Bürgersteig ragen. Oder Autos mit Knöllchen versehen, weil die Parkuhr gerade abgelaufen ist. Klar, das bringt Bußgeld in klamme Stadtkassen; die Jugendämter kosten nur.

Wir dürfen nicht zusehen, wie die Menschlichkeit verreckt. Wer ein Herz für Kinder hat, kann sich nur der Piraten-Politikerin anschließen: »Wer sich einen Flughafen leisten kann, sollte sich auch eine bessere Jugendhilfe leisten können.«

Macht also Schluss mit der Ankündigungspolitik, lasst Taten sprechen. Es geht um das Wohl der Schutzlosesten unserer Gesellschaft.

Über den Tod der Frau, für die Schröder Kanzler wurde

Ihr 100. Geburtstag sollte ein großes Familienfest werden, doch der Tod war schneller. Wenigstens den 99. haben sie noch gemeinsam feiern können: Ex-Kanzler Gerhard Schröder und seine Mutter Erika Vosseler. Am 1. November 2012 starb sie in Paderborn, und in der Todesanzeige stand der liebevolle Satz: »Wir nannten sie Löwe, weil sie ein Leben lang für uns gekämpft hat!« Welch ein bewegendes Dokument der Dankbarkeit. Ja, Erika war Gerhards große Liebe.

In vielen Interviews habe ich erlebt, wie Schröder den großen Staatsschauspieler gab. Doch wenn es um seine Mutter ging, war er nur der dankbare Sohn, dann war alles echt an ihm. »Das Leben meiner Mutter war ein Kampf ums pure Überleben«, schreibt er in seinen Memoiren. Seine Jugend das war Prekariat pur, ein extrem hartes Schicksal.

Seinen Vater hat Schröder nie gesehen. Er fiel 1944 im Krieg, wenige Wochen nach der Geburt seines Sohnes. Da ihr zweiter Ehemann an einer schweren Lungenkrankheit litt, musste Erika Vosseler die fünf Kinder allein großziehen. Sie tat es durch Putzen, manchmal 14 Stunden am Tag. »Nie habe ich sie klagen gehört«, schreibt Schröder, »sie gewann jeder Situation eine gute Seite ab.« Auch wenn mal wieder der Gerichtsvollzieher vor der Tür stand. Da habe er seiner Mutter versprochen: »Warte ab, Löwe, eines Tages hole ich dich im Mercedes ab.« Er hat Wort gehalten, auch wenn es ein Audi wurde.

Immer hat er zu seiner Mutter gestanden, sie nie versteckt, sich seiner Herkunft nicht geschämt. Wie viele es tun, obwohl sie es weniger weit als Schröder gebracht haben. »Genierlich war mir meine Herkunft nicht!« Darin war Schröder glaubwürdig. In einem Gespräch mit meinem Kollegen Helmut Böger bekannte er: »Wäre ich als Sohn eines Hamburger Pfeffersacks geboren, dann wäre ich wohl nicht in die Politik gegangen.« Doch niemals hat Schröder auf seinem Weg ins Kanzleramt seine Mutter instrumentalisiert oder mit ihr kokettiert. Da war er anders als viele Politiker, die ins Familienalbum greifen, wenn sie sonst nichts zu bieten haben.

Einmal, 1998, haben Mutter und Sohn ein Doppel-Interview gegeben, in »Bild am Sonntag«. Da sagte Erika Vosseler: »Ich bin sehr stolz auf meinen Gerd. Es tut mir leid, dass sein Vater das nicht mehr miterleben konnte.« Und Gerd kann stolz sein auf seine Mutter, die ihm zwar materiell nichts bieten konnte, dafür das Wichtigste, was eine Mutter geben kann: Liebe.

Für ihren Grabstein wünschte sich Erika Vosseler die Inschrift: »Hier wohnt unser Löwe.« In der Bibel ist der Löwe das Symbol für Kraft und Mut. Kein Ehrentitel passt besser auf diese Frau, die, wie ihr Sohn oft sagte, für eine ganze Generation steht.

Wer übernimmt in unserem Land noch die Verantwortung für die eigenen Fehler?

Auch der vierte Versuch, den Berliner Blamage-Flughafen BER zu eröffnen, ist kläglich gescheitert, und man darf gespannt sein, wie es weitergeht.

Sicher ist nur eins: Alle Welt lacht sich schlapp über diesen Dilettantismus »made in Germany«, ein Milliardengrab, das unfähige Politiker, Manager und Bauexperten in den Brandenburger Sand gesetzt haben.

Geschätzte 1,2 Milliarden Euro Mehrkosten zahlt der Steuerbürger, der nun überhaupt keine Schuld an dieser gigantischen Hightech-Pleite trägt. Kein Populismus, sondern die schiere Wahrheit: Schuld sind diesmal wirklich andere, doch die schweigen.

Schweigen, wegducken, abtauchen scheint inzwischen Methode in Deutschland geworden zu sein, nachdem wir uns von einer der wichtigsten Tugenden verabschiedet haben: Verantwortung.

Beim Schreiben dieser Kolumne beobachte ich, wie vor meinem Fenster ein Pkw ein Verkehrsschild umfährt. Der Fahrer steigt noch nicht einmal aus, es wird sich schon jemand finden, der das demolierte Schild wieder aufstellt oder ein neues bezahlt.

Die große Welt der Konzerne bietet für solche mangelnde Verantwortung jede Rechtfertigung. Je unfähiger sich ein Manager erweist, desto eher wird er mit goldenem Handschlag aus seinem Vertrag entlassen. Die Flucht aus der Pflicht wird belohnt statt bestraft; verkehrte Welt. Verantwortung bedeutet laut Duden die »Verpflichtung, für Geschehenes einzustehen«, also die Folgen seines Handelns zu tragen.

Dass der Regierungschef von Berlin samt Bundesregierung dennoch weiter die BER-Bauaufsicht führen und so tun, als hätten sie mit der Pleite nichts zu tun, das ist dreist.

Was soll ich mich also über das umgeknickte Verkehrsschild aufregen? Auch dessen Reparatur wird von Steuergeld bezahlt, weil der wahre Verursacher nicht zu seiner Verantwortung steht. Moral made in Germany!

Die Wut der Ärzte ist gerechtfertigt. Unsere Vorurteile sind es nicht

Nach den Flugbegleitern der Lufthansa jetzt also auch noch die Ärzte – ja, geht's denn noch? Patienten können sich auf Warteschlangen oder sogar auf geschlossene Praxen einstellen, denn die niedergelassenen Ärzte drohen mit Streik.

Dabei denkt man bei Medizinern doch zuallerletzt an Arbeitnehmer, die jeden Cent umdrehen müssen. Und trotzdem wollen die allen Ernstes für eine Erhöhung ihrer Honorarsätze kämpfen und Patienten aussperren?

Die ersten Reaktionen beim Einkaufen gestern: Krank vor Wut geiferten Kunden um die Wette, und jeder hatte sein Vorurteil beizusteuern. Ärzte wissen doch nicht, wohin mit dem Geld, kassieren Praxisgebühr, lassen sich von der Pharmaindustrie mit Lustreisen bestechen und stehen ohnehin das ganze Wochenende auf dem Golfplatz.

Ja, geht's denn noch? Laut Statistischem Bundesamt verdient ein Kassenarzt durchschnittlich 5500 Euro netto im Monat, ein Hausarzt 5018 Euro. Das sind die Leute, die nach langem Studium und schlecht bezahlter Assistenz-Zeit rund um die Uhr da sind, Nacht- und Notdienste schieben und Hausbesuche machen. Viele müssen ihre Praxen schließen, weil für die Arbeit und das Geld keiner mehr Hausarzt werden will. Der Nachwuchs wandert nach Kanada, in die Schweiz oder nach Nordeuropa ab.

Die Idylle von der Praxis à la Bülowbogen, wo Landarzt Sommerfeld, dem die Frauen vertrauen, durch blühende Rapsfelder sein Cabrio in aller Freundschaft Richtung Schwarzwaldklinik steuert, gibt es nur noch in den TV-Serien. Der Alltag: volle Wartezimmer, zeitraubende Bürokratie, steigende Personal- und Mietkosten, teure Geräte und Hausbesuche, deren Honorare kaum die Benzinkosten decken.

Ein 71-jähriger Brandenburger Landarzt sagte unlängst in meiner Sendung: »Wäre ich nicht Arzt aus Leidenschaft, hätte ich längst zugemacht. Aber ich kann meine Patienten doch nicht allein lassen.« Solche Ärzte dienen unserer Gesellschaft, deshalb verdienen sie auch mehr als Vorurteile oder staatliche Knebel-Vorschriften. Wenn dieser Berufsstand vor die Hunde geht, ist das schlimmer, als wenn Flugzeuge mal am Boden bleiben.

Ich, ein Nichtraucher, halte Horror-Bilder auf Zigarettenschachteln für Bürokraten-Terror

Stellen Sie sich vor, Sie kaufen sich ein neues Auto und finden auf der Kühlerhaube ein großes Foto von einem Pkw-Wrack, das sich um einen Baum gewickelt hat, dazu blutüberströmte, verstümmelte Opfer. Darunter die Aufschrift: »Achtung! Autofahren tötet!« Völliger Blödsinn? Warten wir's ab. Ähnliche Horrorbilder sehen jetzt die Australier, wenn sie sich eine Schachtel Zigaretten kaufen. Drastische Fotos von möglichen Folgen des Tabakkonsums sollen die Raucher abschrecken, ihrem Laster weiterhin unbekümmert zu frönen.

In Australien sollen jetzt, wie bereits in Thailand, Kanada oder Belgien, Raucher durch drastische Fotos von Lungenkranken abgeschreckt werden. Eine Maßnahme, die inzwischen auch in Deutschland ernsthaft von Gesundheitspolitikern und Lobbyisten diskutiert wird. Ich finde das absurd und unverhältnismäßig.

Inzwischen weiß doch jedes Kind, dass Rauchen nicht gesund ist. Dafür gibt es Biologieunterricht in der Schule, Aufklärung in den Medien. Meine erste Raucherlunge sah ich im Bio-Unterricht, und die Leidensgeschichte eines beinamputierten Kettenrauchers hat mich mehr schockiert als alle Worte und Bilder, die man auf die Schachteln drucken kann. Diese Kindheitserfahrungen machten mich zum kämpferischen Nichtraucher.

Ich will nicht einfach so hinnehmen, dass Menschen ihre Gesundheit ruinieren und dabei ihre Umgebung auch noch schädigen und schikanieren. Ich will aber auch nicht hinnehmen, dass Raucher verteufelt werden, als würde jeder Tabakkonsum automatisch zu den Krankheiten führen, die auf den Schachteln abgebildet sind.

Dieser Horror ist Terror. Und scheinheilig noch dazu. Allein 2011 hat der Staat 14,5 Milliarden Euro an Tabaksteuern kassiert, nach der Mineralölsteuer die zweitwichtigste Verbraucherabgabe in Deutschland. Würde die ganze Nation auf einen Schlag zu Nichtrauchern, wir bekämen eine Staatspleite griechischen Ausmaßes.

Gewarnt sind wir genug durch die aktuellen Risiko-Aufdrucke auf den Schachteln. Das Rauchverbot in Gaststätten und öffentlichen Räumen ist inzwischen allgemein akzeptiert, weiter sollte aber auch niemand mehr gehen. Sonst sehen wir demnächst auf der Kräuterlikörflasche statt des Hirschkopfs die Röntgenaufnahme einer Säuferleber, oder auf dem Pizzakarton das Foto eines adipösen Jugendlichen. Und unsere Haustüren tragen auf der Innenseite das staatlich vorgeschriebene Warnschild: »Beim Betreten der Straße ist mit tödlichen Auto- und Industrieabgasen zu rechnen.«

Da wir aber immer noch in Deutschland und nicht in Absurdistan leben, sollte man den regulierungswütigen Bürokraten Einhalt gebieten.

Zwei Zahlen und eine Frage, ob unsere jungen Leute zu faul zum Arbeiten sind

Die Zahlen passen auf den ersten Blick überhaupt nicht zusammen: 350 000 junge Leute zwischen 15 und 24 Jahren sind arbeitslos gemeldet, doch 144 000 Lehrstellen bleiben unbesetzt. Und jeder fünfte Fleischer macht dicht, weil das Metzgerhandwerk keinen Nachwuchs findet.

Für Schulabgänger ist der Ausbildungsmarkt so ergiebig wie nie, doch für die Wirtschaft wird es immer schwerer, qualifizierte und motivierte Lehrlinge zu finden. Betriebe buhlen um Bewerber, ein sächsischer Bäcker bietet sogar ein »Begrüßungsgeld« von 1000 Euro, doch kaum ein Lehrling lässt sich locken.

»Manchen Jugendlichen fällt es ja schon schwer, überhaupt pünktlich aus dem Bett zu kommen«, klagt der Zentralverband des Deutschen Handwerks. Vielen fehle es an Disziplin und Leistungsbereitschaft, immer mehr könnten nicht richtig rechnen, lesen und schreiben. Viele bewerben sich nur auf eine vermeintliche »Traumstelle« und zeigen sich nicht bereit, für eine gute Ausbildung aus der heimischen Region wegzuziehen. Dann eben lieber arbeitslos.

Doch nicht jeder kann Kfz-Mechatroniker, Arzthelferin, Verkäuferin oder Tierpfleger werden, vier Branchen aus den Top Ten der Wunschberufe.

Bei den Köchen passen den Jungen die Arbeitszeiten nicht, bei den Metzgern ist es ihnen zu blutig und im Bauhandwerk zu stressig.

Klar, es macht wenig Sinn, dass für fast jeden Berufseinstieg inzwischen das Abitur als Qualifikation verlangt wird. »Als Hauptschüler bist du in Deutschland abgeschrieben«, sagte mir jemand, der nur Absagen bekommen hat.

Dabei gibt es Fertigkeiten und Fähigkeiten, die durch keine Zeugnisnote zu messen sind. Nicht nur das Handwerk lebt davon. Diese Potenziale müssen Eltern, Schulen und Wirtschaft bei den jungen Leuten wieder wecken.

Und nicht nur, weil ich es schrecklich fände, wenn mein Bäckerladen demnächst der x-ten Filiale einer Coffeeshop-Kette weichen muss und in meine Metzgerei ein Handyverkäufer einzieht ...

Ich habe Angst davor, dass Sterbehilfe zum Geschäft wird

Eine Mehrheit der Deutschen ist für die Beihilfe zum Selbstmord gegen Bares: Nach einer »Bild am Sonntag«-Umfrage befürworten 49 Prozent eine »gewerbsmäßig organisierte Sterbehilfe«. Nur 41 Prozent wollen dies unter Strafe stellen, wie es ein Gesetzentwurf des Bundesjustizministeriums vorsieht. Und der scheint mir schon zu liberal, will er doch wenigstens Ärzten, Pflegern oder nahen Angehörigen erlauben, auf Wunsch bei der Selbsttötung behilflich zu sein.

Hoch und heilig wird versprochen, dass dabei alles mit rechten Dingen zugehen soll, schließlich habe das Pflegepersonal enge emotionale Bindungen an sterbewillige Patienten. Haben wir ähnliche Treueschwüre nicht auch beim Thema Organspende gehört?

Zu Recht betonen die Ärzteverbände, ihr Beruf sei das Heilen, nicht das Töten. Hilfe zum Leben und Hilfe beim Sterben, nicht beim Töten, erwarte ich von einem Mediziner. Als mein Vater mit 87 Jahren nach einem Schlaganfall ins Koma fiel, haben wir uns nach langen Beratungen mit Familie und Ärzten entschlossen, uns an seiner Patientenverfügung zu orientieren: keine lebensverlängernden Maßnahmen. Es wäre für uns jedoch undenkbar gewesen, »dabei nachzuhelfen«. Lebensende gehört in Gottes Hände, das ist meine Auffassung.

Ärzte und Angehörige sollten aber bereit sein, Patienten gehen zu lassen, wenn es Zeit ist. Sie sollen an der Hand von Menschen sterben, nicht durch deren Hand. Die jetzt diskutierte aktive Beihilfe zum Selbstmord bricht dagegen ein Tabu – und das macht mir nicht zuletzt wegen der aktuellen Organspende-Affäre Angst, weil ich ahne, wie schnell der Tod zum Geschäft werden kann.

Ob sich die Befürworter gewerbsmäßiger Sterbehilfe darüber im Klaren sind, dass der Druck auf Pflegebedürftige, »freiwillig« aus dem Leben zu scheiden, größer werden könnte? Gerade weil ich mein Leben selbst bestimmen will, möchte ich den Schutz des Staates und keine Willkür einer Organisation.

Ein Auto, das Mama und Papa sagen kann, ist noch nicht erfunden

Das waren noch Zeiten! Als der Bundestag 1957 über Renten und Familienförderung diskutierte, wischte Kanzler Konrad Adenauer alle Argumente mit einem Satz vom Tisch: »Kinder kriegen die Leute immer.«

Pustekuchen! Im vergangenen Jahr gab es in Deutschland die geringste Geburtenrate aller Zeiten, selbst im Krieg kamen mehr Kinder zur Welt. Trotz Kita-Ausbau, Ganztagsschulen, Elterngeld – kein Kindersegen. Der erhoffte Babyboom blieb aus.

Woran liegt es, dass ausgerechnet in dem Staat, der am meisten Geld für Familien ausgibt, die wenigsten Kinder geboren werden? Als Großfamilie gilt man als asozial, bekommt schwer eine Wohnung, kann sich kaum Urlaub leisten, so wird argumentiert.

Dagegen sprechen Erfahrungen aus den USA: Obwohl dort die Gebühren für Kitas und Schulen pro Kind dem Wert eines dicken Autos entsprechen, liegt die Geburtenrate deutlich über unserer. Dort gehört die Mehrkinder-Familie zum guten Ton; sie ist ein Statussymbol. Ein Single als Politiker kann sich den Wahlkampf gleich sparen. Und bei uns haben 50 Prozent der Akademiker keine Kinder mehr.

Alle finanziellen Anreize haben also nichts gebracht, selbst die Babypause für Väter nicht. Aber vielleicht liegt es gar nicht am Geld, sondern daran, dass man sich immer später bindet, zu spät für den Kinderwunsch. Die liberale »Süddeutsche Zeitung« kommentiert: »Das Ja zum Kind wird weit stärker von gesellschaftlichen, religiösen und individuellen Faktoren beeinflusst als von finanziellen.«

Viele empfinden Kinder als Last, nicht als Lust; mehr als Minderung ihrer Lebensqualität denn als Glück. Und es werden immer mehr, die es später bitter bereuen, dass ihnen der Mut zum Kind fehlte. Doch woher soll der kommen, wenn man gegen Kitas in Wohngebieten klagen kann oder Kinderlachen als Kinderlärm empfunden wird? Wenn Vermieter Singles bevorzugen und Familien in der Arbeitswelt keine Rolle spielen?

Wir müssen endlich über etwas anderes reden als über Geld: Wenn Kinderlärm Zukunftsmusik ist, dann herrscht bei uns bald Friedhofsruhe. Die schönste Kreuzfahrt kann den Enkel nicht ersetzen; und ein Auto, das Mama und Papa sagen kann, ist noch nicht erfunden. Armes reiches Deutschland!

Wer für sein Land nicht singt …
… tut sich schwer mit Siegen

Nach dem verlorenen EM-Halbfinale 2012 gegen Italien schickte mir ein Kollege, von dem ich das gar nicht erwartet hätte, diese SMS: »Und das alles, weil die nicht mitgesungen haben.«

Ja, es stimmt: Die Italiener – und zwar alle, auch Torschütze Balotelli mit ghanaischen Eltern – haben voller Inbrunst ihre Nationalhymne geschmettert. Die meisten unserer Kicker hingegen standen mit zusammengebissenen Zähnen da, als das Deutschlandlied erklang und die Fans im Stadion mitsangen.

Haben wir deshalb das Spiel verloren? Fehlt unseren Jungs der letzte Schuss Patriotismus und das Gefühl, nicht für irgendeinen Verein auf dem Platz zu stehen, sondern für Deutschland? Das Symbol dafür ist nun einmal die Hymne, die zu singen sich mancher anscheinend schämt.

Allein Lahm und Schweinsteiger sangen richtig mit, Neuer bewegte wenigstens die Lippen, die anderen schwiegen eisern, als gehörten sie nicht dazu. Zur Nationalmannschaft gehört die Nationalhymne. Ich kann diese Multikulti-Lyrik nicht ernst nehmen, dass Özil, Khedira und Boateng, allesamt in Deutschland geboren, nicht mitsingen können, weil sie »Verwandte in der alten Heimat ihrer Eltern haben«. Warum tragen sie dann das Trikot mit dem Bundesadler?

Die Italiener zeigten, wie und um was es geht. Sie sangen mit Begeisterung und Leidenschaft, die sich dann auf dem Platz fortsetzte: »Lasst uns die Reihen schließen, wir sind bereit zum Tod. Italien hat gerufen!« Wir Deutschen bringen es noch nicht einmal fertig, eine der schönsten und friedlichsten Hymnen der Welt zu singen: »Einigkeit und Recht und Freiheit ... Brüderlich mit Herz und Hand«.

Unsere Jungs blamieren sich vor aller Welt, wenn die Kameras die starren Gesichter abfilmen. Als hielten sie dieses Ritual für eine überflüssige Lappalie, die ihnen peinlich ist.

In unserem Land ist der Begriff »Rentner« zum Schimpfwort geworden. Wieso eigentlich?

Im Rentner-Paradies räkelt sich das Rentner-Publikum nach dem Rentner-Programm ermattet in den Liegestühlen; eine Strandkorb-Idylle wie zu Großmutters Zeiten.

Diese Sätze stammen nicht von einer Senioren-Kaffee-fahrt mit Heizdecken-Verkauf, es handelt sich um Medien-kritik am ZDF, das sein Studio zur Fußball-EM auf der Ost-seeinsel Usedom aufgebaut hatte. Wem Ort, Moderatoren oder Art der Sendung nicht gefallen, kann das äußern, wir haben Meinungsfreiheit. Doch dieser Stil verbietet sich, wenn man noch weiß, was die Würde des Menschen be-deutet.

Woher kommt eigentlich dieser Reflex, alles, was man für altbacken, lahm und langweilig hält, mit dem Begriff »Rent-ner« zu etikettieren? Passt einem beim Autofahren das Tempo des Vordermannes nicht, ruft man entnervt: »Der fährt ja wie mein Opa!« Wird auf einer Almhütte Volks-musik gespielt, spricht man vom Rentner-Vergnügen.

Dieses Senioren-Bashing und Rentner-Mobbing hängt mir genauso zum Hals heraus wie das dauernde Gerede vom Stammtisch-Niveau. Statt zu sagen, eine Debatte ist dumpf, konservativ oder populistisch, zieht man den »Stamm-tisch« aus dem rhetorischen Arsenal und damit in den Dreck.

Millionen Stammtischbrüder werden diffamiert. Meist von Leuten, die sich sonst in politischer Korrektheit von niemandem übertreffen lassen. »Das ist doch was für Haus-frauen« ist genauso abfällig gemeint wie eben jene Rentner, die für alles herhalten müssen, was ganz, ganz spießig ist.

Und was Usedom angeht: Liegestühle, Strandkörbe und Sandburgen allein den Senioren zuzuschreiben zeugt von einem Bildungsniveau, das unter dem Meeresspiegel liegt. Das können nur Kollegen behaupten, die noch nie einen Familienurlaub an der See erlebt haben. Und denen es egal zu sein scheint, sich mit dieser Stigmatisierung über ihre Hauptlesergruppe lustig zu machen.

Aber das kommt von einem medialen Jugendwahn, der sich einmal bitter rächen wird.

Protzprojekte als Luftnummern menschlicher Selbstüberschätzung

In meiner Heimat haben sie ihm ein Denkmal gesetzt: Leo Sympher, Bauingenieur und preußischer Ministerialdirektor. In Minden lieferte der Stratege sein Meisterwerk ab: das Wasserstraßenkreuz, auf dessen Brücke die Schiffe des Mittellandkanals in 13 Meter Höhe die Weser überqueren. In kaum einem Erdkundebuch fehlt ein Foto dieses gigantischen Bauwerks, als Paradebeispiel für deutsche Technik gepriesen.

1914 wurde die 370-Meter-Betonbrücke pünktlich eingeweiht, das Team um Leo Sympher hatte dafür lediglich 33 Monate gebraucht. Heute schaffen Vergleichbares weder Symphers preußische Hauptstadt-Nachfahren noch weltoffene Hanseaten oder fleißige Schwaben.

Trotz modernster Technik werden gefeierte Jahrhundertbauten nahezu regelmäßig in den Sand gesetzt, jetzt zog man auch beim »Jade-Weser-Port« die Reißleine: Das Großprojekt Superhafen gibt es weiterhin nur als Baustelle. Berlins Flughafen, Hamburgs Elbphilharmonie, Münchens Transrapid, der Tiefbahnhof Stuttgart 21 – technische Tiefschläge für die Qualitätsmarke »made in Germany«, und die Welt lacht sich schlapp. Politiker voller Größenwahn produzieren peinliche Pannen, nichts scheint mehr zu gelingen, der »Turmbau zu Babel« bleibt bis zum heutigen Tag Symbol illusionärer Luftnummern menschlicher Selbstüberschätzung.

Zunächst rühmt man sich ambitionierter Protzprojekte, die die Welt das Staunen lehren sollen, und am geplanten Eröffnungstag stehen die Verantwortlichen da in »des Kaisers neuen Kleidern«.

Dabei weiß doch jeder Häuslebauer, dass es schon beim kleinsten Projekt große Probleme geben kann. Witterung, Materiallieferung, Handwerker – alles Unsicherheitsfaktoren.

Doch im Rausch von Gigantomanie und getrieben von Rekord- und Tempowahn vergessen wir, dass alles auch eine Nummer kleiner geht. Verheißungsvolle Versprechungen von Zukunft und Modernität bleiben heiße Luft, wenn man alle Risiken ausblendet und nur noch geblendet ist von dem Denkmal, das man sich damit selbst bauen will.

Für das Großprojekt Erde brauchte Gott laut Bibel nur sechs Tage, seine Schlussbilanz hieß: »Alles ist gut!« – Und am Sonntag leistete er sich einen Feiertag. Es geht doch!

Respekt für die Frauen von Schlecker

Freud und Leid, Lust und Frust liegen vermutlich morgen in den Schlecker-Filialen eng beisammen. Während die Verbraucher die Läden stürmen, stürzen die Verkäuferinnen ins Nichts. Abverkauf nennt man, was in Wahrheit ein Fest für Schnäppchenjäger ist.

Die Geschäfte werden nun doch geschlossen und die

Schlecker-Frauen müssen sich einen neuen Job suchen. Sie sind Opfer falschen Managements, aber auch fahrlässiger Versprechungen, die ihnen Politik und Gewerkschaften lange gemacht haben.

Meine Bitte an die Kunden, die morgen die Filialen stürmen, um Shampoo, Waschmittel und Zahnpasta zu Super-Schnäppchenpreisen zu kaufen: Lasst den Abverkauf der Ware nicht zum Ausverkauf der Würde werden. Denn dass der Schlussverkauf zu einer Plünderung pervertiert, das haben die Schlecker-Frauen, die über Jahrzehnte ihrer Kundschaft gedient haben, nicht verdient.

So berechtigt die Kritik an den Arbeitsbedingungen bei Schlecker war, an den Verkäuferinnen hatte nie jemand etwas auszusetzen. Ich selbst habe erlebt, wie sie noch lächelten, als bereits das Aus drohte.

Dieses Lächeln sollte man ihnen jetzt zurückgeben, wenn man mit Ware bepackt den Laden zum letzten Mal verlässt. Und einfach hoffen, dass man sich wiedersieht, denn ich wünschte mir, dass »meine« Berliner Schlecker-Frauen bald in der Nachbarschaft einen Job finden und uns erhalten bleiben.

Inkompetent, aber dreist: Klaus Wowereit im Sinkflug

Alle Welt spottet über Berlin. Das Flughafen-Debakel liefert reichlich Stoff für Kabarett und Kommentare, das Markenzeichen »made in Germany« ist international beschädigt und die Bewunderung für unsere im Ausland geschätzten »preußischen Tugenden« ist erst mal dahin.

Zerstört ausgerechnet in einer Region, die gerade noch Friedrich den Großen gefeiert hat. Pünktlichkeit und Fleiß als Qualitätsmerkmal, davon kann man nun nicht mehr sprechen, ohne rot zu werden.

Viel schlimmer finde ich jedoch, dass Tugenden wie Anstand, Verantwortung und Vertrauen auch nichts mehr gelten.

Damit hätten die politischen Aufsichtsräte, allen voran Berlins Regierender Bürgermeister Klaus Wowereit, wenigstens noch glänzen können. Doch aus seinem nonchalanten Etikett »Arm, aber sexy« ist jetzt ein »Inkompetent, aber dreist« geworden. Das deutsche Ur-Gen kommt auch in dieser Geschichte wieder durch: Wir waren nicht dabei; zumindest haben wir von alledem nichts gewusst.

Die vermeintliche Lässigkeit, mit der nun Nichtwissen und Nichthandeln kaschiert werden, tut regelrecht weh. Der Hauptverantwortliche will wirklich nichts bemerkt haben von einem Chaos, über das seit Monaten die Zeitungen berichten?

Alles läuft wieder nach der bewährten Masche, nach der unser Politikbetrieb bis zur Politiker-Verdrossenheit gestrickt wird: Man sucht sich ein Bauernopfer (hier ist es der Planungschef) und spielt selbst den Ahnungslosen. Ich kann diese Floskeln von »Licht ins Dunkel bringen« und »schonungslose Aufklärung« nicht mehr hören. Nicht wie schonungslos, sondern wie ahnungslos darfst du als Chef eigentlich sein, ohne Konsequenzen zu ziehen oder dich zumindest öffentlich zu hinterfragen?

Es mag für einen Politiker eine Zeit lang ganz charmant sein, sich über alles erstaunt zu zeigen, was bei diesem

Milliardenprojekt nicht geklappt hat. Im normalen Leben gibt es für so etwas allerdings nur einen Oberbegriff, und der ist völlig unpreußisch: Führungsschwäche.

Aus dem Muttertag darf kein »Elterntag« werden!

Was könnte das doch für ein schöner Tag sein: Die Bäckereien bieten Kuchen in Herzform an, die Floristen präsentieren Blütenpracht, und auf den Straßen sieht man junge und alte Kinder mit Geschenken auf dem Weg nach Hause. Es ist Muttertag.

Doch so sicher wie der Kälteeinbruch zu den Eisheiligen wetteifert die Blumen-Konjunktur mit der der Bedenkenträger. Miesepeter und Meckerfritzen liefern uns in den Medien die übliche Häme über Mutti-Gedichte und Alibi-Rituale.

Haben nicht die Nazis diesen Tag erfunden oder zumindest die Blumenindustrie? Passt dieses antiquierte Mutterbild überhaupt noch in unsere Zeit? Kein Argument, das es nicht wert wäre, gegen den Muttertag in Stellung gebracht zu werden.

Den neuesten Knüller, uns den Muttertag, der partout nicht aus unseren Kalendern und Herzen weichen will, madig zu machen, liefert eine protestantische Pröpstin. Sie plädiert dafür, den Tag einfach in »Elterntag« umzubenennen.

Logisch, wir Deutschen nennen ja zum Beispiel die Putzfrau auch Reinigungskraft. Nur für die Schrauben-Mutter ist uns noch kein neuer Name eingefallen.

Hübsch politisch korrekt soll es zugehen, nicht zuletzt an so einem schönen Maien-Feiertag. Also Eltern statt Mutter, das werde dem heutigen Rollenverständnis in einer Partnerschaft besser gerecht, meint Frau Pröpstin.

Ja, geht's noch? Sollten wir nicht gleich in einem Abwasch Weihnachten in Krippentag umbenennen?

Apropos Abwasch: Natürlich weiß auch ich, dass jeder Tag »Muttertag« sein müsste und dass Männer und Kinder ihr Haushaltsengagement und ihre Dankbarkeit nicht auf dieses eine Datum beschränken dürfen.

Solche Sprüche kenne ich, aber auch diese jüdische Weisheit: »Weil Gott nicht überall gleichzeitig sein kann, schuf er die Mutter.« Gott sei Dank!

Ein Verbündeter im Schloss Bellevue

»Ich stehe heute vor Ihnen als Verbündeter!« Dieser Satz auf dem Seniorentag in Hamburg ist keine billige Anbiederung im Endspurt der Landtagswahlkämpfe. Hier will sich niemand lieb Kind bei den Alten machen. Der, der das sagt, ist 72 Jahre alt, wird bald zum dritten Mal Urgroßvater und ist unser Bundespräsident.

Joachim Gauck fordert mehr Zusammenhalt der Generationen, wo die Senioren gebraucht werden und nicht nur als lästiger Kostenfaktor gelten. Doch in der letzten Lebensphase, in der man Hilfe braucht, müsse sich »die Menschlichkeit unserer alternden Gesellschaft erweisen«. So seine Worte.

Wie es um diese Menschlichkeit tatsächlich bestellt ist, belegt eine Meldung vom selben Tag: Eine 93-jährige Rentnerin lag mehrere Wochen lang tot in ihrer Wohnung, nicht im anonymen Hochhaus einer Millionenstadt, sondern in einer beschaulichen Seniorenresidenz in Hildesheim. Sie hatte zwar keinen Pflegedienst und konnte sich selbst versorgen. Dennoch kann man von betreutem Wohnen erwarten, dass ab und zu mal jemand klopft.

Alte sind heute viel jünger als früher. Mit 80 haben viele noch die Energie, die einst 50-Jährige hatten. Deshalb werden Senioren gebraucht, wenn sie können und wollen. Doch wenn sie nicht mehr können, haben sie ein Recht, dass andere sich kümmern. Der Generationenvertrag muss funktionieren, wie er im Gebot der Bibel in nur vier Worten beschrieben wird: »Ehre Vater und Mutter.« Dass jemand einsam stirbt, darf es genauso wenig geben wie die aktuelle absurde Debatte, den Älteren Hüft- und Knieoperationen zu verweigern. Dass Senioren häufig von kostspieligen Krankheiten betroffen sind, weiß auch ein medizinischer Laie. Dass man niemandem notwendige OPs und damit Lebensqualität verweigern darf, gebietet die Menschlichkeit, von der Bundespräsident Gauck spricht.

Die Senioren können froh sein über diesen Verbündeten im Schloss Bellevue, der einem zeigt, was man aus seinem Leben (noch) machen kann.

Im Streit um die Kitas regieren die Demagogen

Auch wenn ich mir mit dieser Kolumne bestimmt keine Freundinnen mache, mir platzt langsam der Kragen, wenn in Talkshows und Magazinen das Thema Betreuungsgeld behandelt wird.

Beinahe jeder Satz klingt, als habe man inzwischen allgemein und letztverbindlich beschlossen: Kinder, und zwar alle, können nur in Kitas und ähnlichen Verwahr-Einrichtungen optimal erzogen werden.

Wer in diesen Chor nicht einstimmt und mitmacht, wird mit Hass und Häme niedergemacht. Manche Talker ziehen gegenüber einem Andersargumentierenden ein Gesicht, als müssten sie Ekel-TV moderieren.

Dabei hat vielleicht nur ein Gast in die Runde geworfen, dass es in einer Demokratie doch möglich sein müsste, in Sachen Kindererziehung wenigstens Wahlfreiheit zu gestatten und diejenigen, die ihrer Kleinen wegen zu Hause bleiben, finanziell zu unterstützen. Um mehr geht's doch gar nicht! Oder doch?

Ich werde das Gefühl nicht los, als arbeiteten sich vor allem Medienleute an ihrem eigenen Lebensentwurf ab.

Da kann in einer Zeitung ein riesiger Artikel von exzellenten Experten stehen, die belegen, dass Kinder in den ersten beiden Lebensjahren besser eine einzige heimische Bezugsperson brauchen als zehn wechselnde, gestresste Tages-Tanten im Schichtdienst. Garantiert geifert daraufhin in der Kommentarspalte eine Kollegin, wie bescheuert Betreuungsgeld doch ist.

Klar, die zwei Drittel Familienfrauen in unserer Bevölkerung sitzen ja schweigend zu Hause und nicht in Redaktionsbüros.

Gleichzeitig wird der Eindruck erweckt, als seien Mütter, die mit ihrem Kind daheim bleiben, Prekariats-Schlampen, die die Staatskohle in den nächsten Schuh-Discounter, Mediamarkt oder zum Getränkehändler tragen. Belegt wird dergleichen übrigens von keiner Statistik, die ich kenne.

Soll ich jetzt von den vier Kitas meiner Nachbarschaft schreiben, wo ich beim Brötchen holen erlebe, wie quengelnde Kleinkinder quasi vom Kreißsaal in die Krippe abgegeben werden und die Eltern sich am Fenster die Nasen platt drücken, um dem heulenden Heimweh schnellen Trost zu spenden?

Zu einfach, meinen Sie? Die Wahrheit, sage ich.

Kein irdischer Richter wird das letzte Urteil über Breivik sprechen

Was ich denn dazu meine, dass man im Osloer Breivik-Prozess einen der Laienrichter von seinem Schöffenamt entbunden hat? Der habe doch das einzig Richtige gefordert: die Todesstrafe für diesen Kerl!

Mein Taxifahrer ist nur schwer davon zu überzeugen, dass dies eben nicht das Richtige ist. Unsere Debatte geht um Rechtsstaat und faire Prozesse, um Menschenrechte und Zivilisation. Am Ende der Fahrt sagt der Mann am Steuer resigniert: »Dann werden wir das also die nächsten Wochen ertragen müssen ...«

Die erste Woche haben wir nun ertragen, diese schier unvorstellbaren Auftritte von Anders Breivik und seine kruden Gedanken. Teils live im Fernsehen, kalt, gefühllos, ohne jedes Anzeichen für das, was wir als menschlich bezeichnen: Entsetzen darüber, 77 Leben ausgelöscht zu haben. Breivik ließ auch nicht den Hauch von Mitgefühl mit den Angehörigen erkennen, die diesen Prozess verfolgen.

Obwohl er doch alles zugibt und sich seiner Wahnsinnstat sogar noch rühmt, darf kein »kurzer Prozess« gemacht werden. Auch das ist es, was einen ohnmächtig und hilflos nach Oslo blicken lässt.

Alles geht seinen Gang – mit Anklage, Verteidigung, Zeugen: Als säße da kein Massenmörder, sondern ein Kleinkrimineller. Diese Form irdischer Gerechtigkeit, wie wir sie als höchste Errungenschaft der Demokratie rühmen, tut in diesen Tagen richtig weh.

Da steht dieser Breivik vor seinen Richtern, und es sind gute Richter, sie tun das Richtige; alles, was sie tun können und tun dürfen. Und trotzdem fühlt es sich so falsch an, weil dieser Typ ein Tribunal inszeniert, das die Opfer zu Tätern machen will. Ein Auftritt, wie es ihn vor einem europäischen Gericht wohl noch nie gegeben hat.

Man wird Breivik wegsperren und hoffen, dass man ihn danach nie wieder sehen und hören muss. Und doch bleibt die Erinnerung an ihn und seine Taten fest eingebrannt in unseren Köpfen und Seelen.

Ich möchte lieber an die Opfer denken und an die vielen Menschen, die am Gericht Blumen niederlegen und um die Toten weinen. Und ich vertraue darauf, dass es kein irdischer Richter ist, der das letzte Urteil über Anders Breivik fällt.

Schönheits-OPs bei Kindern sind pervers

Eine neue Nase zum 16. Geburtstag, eine Brust-OP zum Abi. Geschenke, die in den USA schon fast zum Standard gehören. Auch bei uns gibt es immer mehr Schönheitseingriffe bei Minderjährigen.

Eingriffe in der schlimmsten Wortbedeutung, denn wie hirnlos sind Erwachsene, die sich an einem Körper vergreifen, der noch nicht fertig entwickelt ist. Wie töricht müssen Eltern sein, die so etwas erlauben; wie verrückt Ärzte, die ihr Skalpell ansetzen, um an Teenagern herumzuschnippeln.

Schlanke Schenkel, größere Brüste, Nasenkorrekturen oder Fettabsaugen – all das will die Bundesregierung demnächst auf den Index setzen. Schönheitsoperationen an Jugendlichen, die bisher noch mit Zustimmung der Eltern erlaubt waren, sollen generell verboten werden.

Da fällt mir eigentlich nur noch der Dichter Theodor Fontane ein: »Gegen eine Dummheit, die gerade in Mode ist, kommt keine Klugheit an.« Brauchen wir eigentlich für Selbstverständliches Gesetze?

Das Problem scheint mir der Kopf, nicht der Körper zu sein. Wirre Teenager, irre Eltern und Ärzte ohne Berufsethos sollten sich durch ihren Verstand, nicht erst durch Verbote stoppen lassen. Ich brauche keinen Staat, um zu wissen, was man Kindern zumuten und erlauben kann.

Unsere Zivilisation ist verkommen und pervers, wenn ein verirrtes Schönheitsideal, der Traum vom Modeln oder der perfekten Figur, schon bei Kindern zu verrücktesten Diäten und OPs führt. Dasselbe gilt für Kinder-Castingshows, wo der große Verwirklichungswahn der Eltern auf Kosten ihrer Kleinsten befriedigt wird.

Was sind das für Erwachsene, denen der Staat das Selbstverständliche im Blick auf Kindererziehung verbieten muss: Alkohol- und Drogenmissbrauch, die Selbstverstümmelung und das Sich-zum-Affen-Machen. Auch solche Form von Kindesmisshandlung gehört bestraft.

Brauchen wir wirklich Polizei an unseren Schulen?

Ich weiß noch, wie stolz ich war, als ich das erste Mal allein zur Schule gehen durfte, ohne Begleitung von Mutter oder Vater. Die trauten mir zu, dass ich auf mich selbst aufpassen konnte. Und waren sicher, dass mir in der Schule nichts passiert. In Berlin haben Eltern jetzt Angst, ihre Kinder aus den Augen zu lassen. Selbst im Schulgebäude lauert die Gefahr. Dreimal haben unbekannte Männer versucht, Mädchen Gewalt anzutun, um sie auf der Schultoilette sexuell zu missbrauchen; nur zweimal konnte Schlimmstes verhindert werden.

Verständlich, dass der Ruf nach mehr Sicherheit, nach Polizei und Aufsicht laut wird. Doch soll man die Schulen in einen Hochsicherheitstrakt verwandeln? Gibt es den Kindern ein gutes Gefühl, in einem Gefängnis unterrichtet zu werden? Natürlich ist es ein Skandal, wenn wir erst nach solchen Vorfällen merken, wie verheerend sich die Sparmaßnahmen auswirken.

Nun erkennen wir lebensbedrohliche Mängel: Hausmeister sind oft Teilzeitkräfte, Sekretariate unbesetzt, Türen und Zäune so marode, dass sie niemanden abhalten können, der sich an Kinder heranmachen will. Hier muss sofort etwas passieren, und wenn kein Geld da ist, muss an anderen Stellen gespart werden. Doch das eigentliche Problem liegt tiefer: Wir brauchen wieder Klassengemeinschaften, in denen man aufeinander aufpasst, sich umeinander kümmert. Dass ältere Schüler sich für die kleineren verantwortlich fühlen, dass man nicht weghört, wenn ein anderer um Hilfe ruft.

Was heute unserer Gesellschaft insgesamt an Gemeinsinn und Verantwortung fehlt, hatten wir früher besser drauf. Doch bevor wir Älteren triumphieren: Wäre es zum Beispiel nicht eine tolle Aufgabe für Senioren, während des Unterrichts Kontrollgänge in den Schulen zu machen oder Nachbarskinder auf dem Schulweg zu begleiten? Wenn sich jeder mehr um den anderen kümmert, verringern wir zumindest die nackte Angst, die heute herrscht. Kinder müssen das Gefühl haben: Meine Schule ist ein sicherer Ort!

Gott hat nicht Schuld, er spendet Trost!

Wo war Gott, als ein Bus voll fröhlicher Kinder im Wallis ungebremst gegen eine Tunnelwand raste? Hat er weggesehen, ferngesehen, war er eingeschlafen? Als Belgien den Atem anhielt, als die Menschen weinten, während eine bedrückende Kolonne von 28 Leichenwagen an ihnen vorbeifuhr, schluchzte eine Trauernde diese Worte in die TV-Kameras: »Wo war Gott, warum hat er das zugelassen?«

Die Frage nach Gott in all dem Leid dieser Erde schreit zum Himmel. Doch sind wir bei Gott überhaupt an der richtigen Adresse, wenn die Schuldfrage zu stellen ist?

Technische Mängel am Bus, mögliche Ablenkung des Fahrers, all das ist noch ungeklärt. Klar ist jedoch, dass Experten schon vor Jahren davor warnten, am Ende einer Nothaltebucht rechtwinklige Wände zu bauen.

Warum, um Gottes willen, hat man darauf nicht gehört? Ähnlich wie in Fukushima: Jeder Geologiestudent lernt im ersten Semester, dass man kein Atomkraftwerk auf eine Erdbebenspalte baut. Was hat Gott damit zu tun, wenn Menschen von allen guten Geistern verlassen sind?!

Mich ärgert, wie schnell wir Gott zum Sündenbock machen, ohne nach menschlicher Schuld zu fragen. Und oft tun das gerade die Menschen, die sonst wenig von Gott halten, die ihn für ihr Leben nicht zu brauchen glauben. Nur wenn etwas schiefgeht, suchen sie sich den aus, der sich am allerwenigsten wehren kann, wenn man ihm die Schuld in die Schuhe schiebt.

Wer jetzt Trost sucht, ist bei Gott an der richtigen Adresse. Denn gäbe es ihn nicht, wir stießen mit unserer Hoffnung schnell an unsere Grenzen. Wo ich mein Leid zu Gott bringe, wird es vielleicht nicht erklärlicher, aber auf jeden Fall erträglicher.

Ist man ein Rassist, wenn man Mohrenköpfe mag?

Bin ich ein Kannibale, wenn ich ein Kasseler verzehre? Ein Rassist, wenn mir ein Mohrenkopf schmeckt?

In Österreich tobt ein grotesker Streit, seit die Bundeswirtschaftskammer von den Gaststätten verlangt, »diskriminierende Bezeichnungen« von den Speisekarten zu verbannen. Im Ranking der Beleidigungen ganz oben: das beliebte Zigeunerschnitzel und der »Mohr im Hemd«, eine unschuldige Süßspeise.

Natürlich können Wörter wehtun, Schlagwörter im

wahrsten Wortsinn. Aber die Speisenamen stehen doch für etwas Schönes, Süßes, Schmackhaftes. Der »Mohr im Hemd« ist alles andere als ein beleidigendes Nahrungsmittel mit bitterem Nachgeschmack.

Die Frankfurter als Würstchen zu bezeichnen, darüber regt sich doch auch niemand auf. Hamburger, Berliner, Amerikaner – alle werden mit Genuss verspeist. Da hat die Neusprech-Correctness aber noch viel zu tun, der Mohr hat noch längst nicht seine Schuldigkeit getan.

Was soll der Hundefreund bei einem Hotdog denken? Ist das Nonnenfürzchen, ein schwäbisches Schmalzgebäck, gotteslästerlich? Oder die Schupfnudel Buabaspitzla eine pädophile Schweinerei?

Wer Diskriminierung an Speisekarten festmacht, ist kleinkariert und macht sich lächerlich. Ich möchte weiterhin in Amerikaner beißen, an Florentinern knabbern und Wiener knacken, ganz ohne schlechtes Gewissen. Und wenn es sein muss, dabei die Strauß-Operette »Der Zigeunerbaron« hören.

Meinem Tiroler Stammlokal »Föhrenhof« habe ich schon vorgeschlagen, nun in die Menükarte zu schreiben: »Paprikasteak, ehemals Zigeunerschnitzel«. Dann wäre der Wahnsinn perfekt. Ach so: Schwarzfahren und Schwarzarbeit gehören natürlich aus dem Strafgesetzbuch gestrichen. Die Täter wird es freuen ...

Der Schrei, den keiner hörte

»Holt mich aus dieser schrecklichen Familie!« Dieser Hilfeschrei der elfjährigen Chantal an ihren leiblichen

Vater wurde nicht erhört. Sie blieb deshalb bei ihren drogenabhängigen Pflegeeltern und starb an einer Methadon-Vergiftung.

Und alles, was ich jetzt schreibe, wird das arme Mädchen nicht wieder lebendig machen. Doch der Aufschrei von mir und vielen anderen ist nötig, damit endlich etwas passiert und Chantals Schicksal noch halbwegs einen Sinn bekommt. Wie lange soll es noch so weitergehen, dass hilflose Kinder wie Pascal, Jessica, Lara oder jetzt Chantal leiden und sterben müssen, weil alle wegsehen?

Und natürlich will es auch diesmal wieder keiner gewesen sein, niemand will etwas gewusst haben. Wenn das wirklich stimmt, sollte man die verantwortlichen Mitarbeiter des Hamburger Jugendamtes wegen Unfähigkeit und Fahrlässigkeit hinter Gitter bringen. Chantal kam aus dem Drogenmilieu, doppelte Vorsicht wäre geboten gewesen. Und sie wurde von der Behörde zu Pflegeeltern gegeben, die seit Jahren in einem Methadon-Programm für Heroinabhängige sind.

Ich behaupte jetzt einfach mal, dass diese Leute bei ihrer Vorgeschichte an keinem Sixt-Schalter einen Leihwagen bekommen und an keinem Bankschalter einen Kleinkredit. Aber die Behörden in Hamburg geben ihnen ein Kinderleben in Obhut – plus 828 Euro monatlich.

Sind die, auf die wir uns von Amts wegen verlassen, von allen guten Geistern verlassen? Sind sie überfordert, überlastet, unfähig oder von gefährlicher Gedankenlosigkeit? Keiner Amtsperson will aufgefallen sein, dass die Mutter ein Wrack und die Wohnung verwahrlost war. Die Tragödie Chantal ist auch ein Skandal Jugendamt.

In den Hochglanzbroschüren der Behörden ist von Betreuern die Rede, die besuchen, begleiten, beraten. Die traurige Wahrheit ist wieder einmal ein totes Kind. Und wenn Nachbarn jetzt in die TV-Mikrofone posaunen, die Familienprobleme seien bekannt gewesen: Wo waren sie denn, wo waren Chantals Lehrer oder Mitschüler?

Wer wegsieht, ist mitschuldig. Und diese Schuld wird nicht verjähren.

Erst Chantal, jetzt Zoe. Und was tun wir?

Nach Chantal nun Zoe. Nach der Elfjährigen, die in Hamburg an einer Überdosis Methadon starb, nun der Tod einer Zweijährigen in Berlin, im Kinderbettchen gestorben an den Folgen eines Dammrisses, allein gelassen von den Eltern.

Beide Mädchen standen unter der Obhut des Jugendamtes. Sind die, auf die wir uns von Amts wegen verlassen, von allen guten Geistern verlassen, fragte ich letzten Sonntag an dieser Stelle. Es scheint so, wie nicht nur das Schicksal von Zoe erneut beweist.

Hunderte von Briefen, Faxen und Mails erreichten mich, unter voller Adresse, aber mit der Bitte um Vertraulichkeit. Mit einer Mischung aus Wut und Weinen lese ich erschütternde Berichte von Pflegeeltern und -kindern, von Jugendamt-Mitarbeitern und Politikern. Es sei ja alles viel schlimmer, als von mir dargestellt. Man sei dankbar, dass die Unfähigkeit der Behörden durch »Bild am Sonntag« öffentlich gemacht wird.

Viele Pflegeeltern berichten, bei ihnen hätte sich das Amt nie blicken lassen, nie habe eine Kontrolle stattgefunden oder ein Überraschungsbesuch.

Marion B. schreibt, die 828 Euro monatlich hätten ihre Pflegeeltern für alles Mögliche ausgegeben, nur nicht für sie, die »wie ein Dienstmädchen gehalten« worden sei. Ehemalige Pflegekinder erzählen, wie sie misshandelt, missbraucht und eingesperrt wurden. Und in den Behörden habe bei Beschwerden einer den anderen gedeckt.

Die mangelnde Vernetzung von Jugendamt, Schule, Amtsvormund und Eltern sei das Hauptproblem, schreibt ein ehemaliger Jugendamt-Abteilungsleiter: »Es gibt keine richtige Kontrolle, alle stecken unter einer Decke.«

»Wir haben Angst um andere Kinder in ähnlicher Situation«, mailte mir jemand, der im Hamburger Drogenmilieu arbeitet und Chantal und ihre Pflegeeltern kennt. »Es hilft nur ein Aufschrei in der Presse, denn Politik und Behörden versagen«, fordert der Beamte Jürgen von B. Was wir bräuchten, meint er, sind bundeseinheitliche Standards für Pflegeeltern und effektivere Kontrollen.

Aber natürlich können auch alle weitermachen wie bisher. Und zusehen, wie die Menschlichkeit verreckt. Vielleicht hat am Ende ja wenigstens noch irgendeiner Lust, sie zu begraben.

Sind Pflicht und Verantwortung Tugenden ohne Konjunktur?

Die beiden italienischen Kapitäne Gregorio De Falco und Francesco Schettino sind untrennbar mit der Katastrophe des Kreuzfahrtschiffes »Costa Concordia« verbunden, auf höchst unterschiedliche Weise allerdings.

Kapitän Schettino verließ sein sinkendes Schiff, das er vorher auf einen Felsen gesetzt hatte, als einer der Ersten. Kapitän De Falco versuchte aus dem Hafenamt in Livorno, den Kollegen zur Umkehr zu bewegen, und leitete schließlich von Land aus die Rettungsmaßnahmen.

Das Telefonat der beiden ging um die Welt, ist ein Hit im Internet und beweist geradezu exemplarisch, was in uns Menschen steckt: Feigling und Held, Verantwortung und Egoismus, Flucht und Pflicht.

Schettino wird sich lange nicht mehr auf der Straße blicken lassen können, der Kollege hat bereits Internet-Fanseiten wie »De Falco for president« oder »Santo subito,« also die sofortige Heiligsprechung. Doch der Bejubelte wehrt alle Heldenverehrung ab: »Ich habe doch nur meine Pflicht getan!«

Pflicht, Verantwortung, Berufsehre – Fremdwörter, Tugenden ohne Konjunktur im Alltag. Nicht nur Polit-Prominente leben nach eigenen Gesetzen, viele machen es sich zulasten ihrer Kollegen bequem. Sie kennen ihre Rechte, wissen aber nichts von Pflicht.

Muss ich mich mit einem Schreibtischjob wegen eines gebrochenen Fußes wochenlang krankschreiben lassen, während die Kollegen die Mehrarbeit haben? Ist die Firma ein Selbstbedienungsladen für Privates, vom Telefon bis zur PC-Nutzung, wofür letztlich alle büßen und bezahlen müssen? Für kollegiale Standards und berufliche Regeln bedarf es keiner Gesetze, sondern Anstand und Herzensbildung.

In Thomas Manns Roman »Buddenbrooks« rät der alte

Chef seinem Sohn: »Sei mit Lust bei den Geschäften am Tag. Aber mach nur solche, bei denen du nachts ruhig schlafen kannst.« Mehr braucht's nicht.

Warum bekommen unsere Polizisten nicht mehr den Respekt, den sie verdienen?

Früher seien sie bloß die »Bullen« gewesen, doch heute spucken uns Jugendliche vor die Füße und ertappte Raser strecken uns den Mittelfinger entgegen, erzählt mir ein Polizist aus seinem Alltag.

Der Mann ist mit Leib und Seele Polizist, doch jetzt ist seine Seele verletzt. Nie habe er sich einen anderen Beruf für sich vorstellen können, doch nach 24 Dienstjahren fragt er sich, ob das alles nicht ein großer Irrtum war: »Die Leute haben keinen Respekt mehr von uns.«

Viele sehen rot, sobald die Frauen und Männer in Grün oder Blau anrücken. Beschimpfungen sind noch das Harmloseste, oft enden die Pöbeleien handgreiflich. »Die Hemmschwelle, einen Beamten zu attackieren, gibt es so gut wie gar nicht mehr«, meint ein Polizeisprecher gegenüber dem »Hamburger Abendblatt«. Den Kollegen liegt eine interne Polizeistudie vor, die diese Einschätzung bestätigt.

Es sind vor allem Jugendliche, die keinen Unterschied zwischen einem Ordnungshüter und einem Chaoten aus ihrer Gang machen. Das Schlimme: Quer durch alle sozialen Schichten und Altersgruppen geht diese Respektlosigkeit.

Die Uniform ist schon längst kein schützendes Symbol mehr. Im Gegenteil, viele begegnen den Schutzleuten, wie sie einmal hießen, voller Hass und Verachtung.

Meine erste Begegnung mit der Polizei war in der Grundschule im Verkehrskindergarten, und da erschienen die Beamten als Freund und Helfer. Genau das ist doch ihre Kernaufgabe. Es geht nicht nur um Verbrechensbekämpfung, die Polizei macht die Drecksarbeit unserer Gesellschaft. Familienstreit, Partylärm, Schlägereien; die Polizei soll es richten und schlichten und wird wie selbstverständlich gerufen. Nicht wenige sind es, die diesem Stress psychisch nicht mehr gewachsen sind.

Wenn man diesen Polizeibeamten den Respekt entzieht, ist etwas faul in unserer Gesellschaft. Dass man im Getümmel einer Demo mal einen abkriegt, gehört zu ihrem Berufsrisiko. Dass ihnen der besser verdienende Cabrio-Fahrer den Vogel zeigt und pubertierende Jüngelchen vor ihnen ausspucken, geht entschieden zu weit. Da helfen keine Image-Kampagnen, sondern Erziehung, Vorbild und notfalls die klare Kante.

Herbst im Kalender, Weihnachten im Regal

Ich möchte einen richtigen Sommer zurückhaben, doch während meiner Sommerträumerei stolpere ich im Supermarkt bereits über den ersten Lebkuchenstapel.

Im Gegensatz zu mir hat der Handel den Sommer endgültig abgehakt und ignoriert sogar schlichtweg die aktuelle Jahreszeit. Motto: Alle Jahre früher kommt Weihnachten in die Läden. Ostern ist kaum vorüber, schon verformen sich die Hasen zu Nikoläusen und präsentieren sich aufgereiht hinter Wänden von Christstollen und Dominosteinen. Ich ärgere mich regelmäßig darüber, genauso regelmäßig gibt es Proteste von Verbraucherverbänden und Kirchen – doch es ändert sich nichts.

Im Gegenteil: Als gäbe jemand ein Kommando nach dem Motto »Auf die Plätzchen, fertig, los!«, startet der kommerzielle Weihnachtswahnsinn immer früher. Draußen soll am Sonntag die Sonne strahlen, der Kalender zeigt Herbst, doch der Supermarkt imitiert Christfestgefühle.

Niemand will den Geschäften das Geschäft verderben; zum Christfest gehören Geschenke, Gebäck und Glühwein. Aber alles hat seine Zeit. Wer diese Zeit schon jetzt vorwegnimmt, beraubt die Adventswochen ihrer besonderen Bedeutung.

Gerade für Kinder ist es fatal, wenn sie mit der Meinung aufwachsen, dass es zu jeder Zeit alles gibt. Dass uns systematisch auch die Weihnachtszeit zerstört wird, finde ich schlimm. Ahnen die Meister des Marketings eigentlich, was sie mit ihrer Verkaufsstrategie anrichten?

Was ich immer bekommen kann, hat letztlich keinen besonderen Wert. Kein Wunder, dass in elf Wochen viele froh sind, wenn alles vorüber ist – obwohl doch dann erst die Adventszeit richtig beginnt. Wen monatelang Nikoläuse anstarren und Süßigkeiten-Sonderangebote anschreien, dem ist auch die schönste Stimmung irgendwann verleidet.

Da alle Initiativen gegen »Weihnachten im Sommer« bisher nichts nutzten, gibt es nur einen Weg für mich: Die Angebote ignorieren und frühherbstliches Weihnachtsgebäck zum Ladenhüter machen.

Wie sinnvoll ist ein Gesetz, das Biertrinken in der Bahn verbietet?

Fragt man, wie ich jetzt in meinem USA-Urlaub, die Amerikaner nach den typisch deutschen Eigenschaften, hört man immer wieder: Ihr seid pünktlich, fleißig und kriegt alles geregelt. Ist der Deutsche mit seinem Latein am Ende, handelt er frei nach Heinz Erhardts »Noch 'n Gedicht« nach der Devise »Noch 'n Gesetz«. Also geht es jetzt den Trinkern in Bussen und Bahnen an den Kragen.

Ausgerechnet die Freie Hansestadt Hamburg, das Tor zur Welt, verbietet ab sofort Alkohol in öffentlichen Verkehrsmitteln; will das kontrollieren und notfalls bestrafen. In Berlin hingegen, der hippen Hauptstadt, zählen sogar Politiker den S-Bahn-Suff zum »Lifestyle« und denken gar nicht an Sanktionen.

Beides ist dumm, verharmlosen genauso wie verbieten. Natürlich stören mich pöbelnde Trinker, die grölend in Busse und Bahnen einfallen. Doch die populistische Verbotsmafia sollte wissen: Die Bahnattacken, von der Prügelei bis zum Totschlag, wurden von Leuten verübt, die schon vor Antritt ihrer Fahrt betrunken waren.

Und wo ist die Logik eines Alkoholverbots, wenn manche U-Bahn-Stationen und die meisten Hauptbahnhöfe riesigen Einkaufszentren (auch für Schnaps und Bier!) mit angeschlossenen Gleisen gleichen? Und es ist doch gerade die Bahn, die in ihren rollenden Zug-Bistros und ICE-Restaurants Millionen Euro mit dem Verkauf von Alkohol verdient.

Wenn ein Arbeiter nach Feierabend mit der Bierdose im S-Bahn-Abteil hockt, stört mich der erst mal überhaupt nicht. Einschreiten muss man bei rücksichtsloser Gewalt. Dazu brauchen wir aber keine neuen Gesetze, dazu reichen die alten vollkommen aus. Zumal ich immer häufiger den Eindruck habe, dass unsere Polizei schon mit dem Überwachen der geltenden Vorschriften überfordert ist. Wer meint, dass Verbote Verhalten ändern, hat keine Ahnung von der Realität.

Aber Realitätsferne ist wahrscheinlich das einzige Ärgernis, gegen das es in Deutschland noch lange kein Gesetz geben wird.

Alle wollen höflich sein.
Ich merke nichts davon

Paradiesisch geht es bei uns zu, mit einem Himmel voller Geigen, wo alle sich lieb haben und aufeinander Rücksicht nehmen: Niemand drängelt sich beim Einkaufen vor, in Bussen und Bahnen findet jeder Ältere einen Sitzplatz, weil Jugendliche aufstehen, Autofahrer zeigen sich keinen Vogel, und die Männerwelt besteht gänzlich aus Gentlemen, die jeder Frau Türen öffnen, Mäntel holen, Stühle zurechtrücken ...

Das lässt jedenfalls der »Trendcheck Manieren« vermuten, den das Allensbach-Institut gerade im Auftrag eines Kaffeerösters ermittelt hat. Laut Umfrage legen 87 Prozent der Deutschen Wert auf gute Manieren und betrachten Höflichkeit als wichtigen Bestandteil der Kindererziehung. Auch Jugendliche wissen anständige Umgangsformen zu schätzen und empfinden Rücksichtslosigkeit, Unzuverlässigkeit und Egoismus als störend. Vorbei also die alte Zeit, über die Sokrates vor 2400 Jahren lamentierte: »Die Jugend von heute liebt den Luxus, hat schlechte Manieren und verachtet die Autorität.«

Die Gesellschaft, die sich mir präsentiert, spiegelt allerdings mehr Sokrates wider als Allensbach. Ich erlebe, wie junge Leute lieber laute Musik im Sitzen hören, statt für Ältere in der U-Bahn aufzustehen. Oder beobachte das beliebte Firmenspiel, bei dem man die Fahrstuhltür seelenruhig zugehen lässt, obwohl eine Kollegin gern noch eingestiegen und mitgefahren wäre. Ganz zu schweigen von manchen Kampfmüttern, die entspannt beobachten, wie ihre süßen Kleinen Restaurants verwüsten und Tischnachbarn terrorisieren.

Gehören solche Erscheinungen allesamt zu der 13-Prozent-Minderheit, die sich bei der Umfrage nicht zur Höflichkeit bekannt hat? Wer's glaubt, wird selig. Nein, so ist es nun mal bei solchen Erhebungen. Da trinkt natürlich keiner Schnaps, niemand sieht Soaps und alle grillen Bio-Fleisch.

Dennoch freut mich, dass den meisten Manieren und Moral nicht gleichgültig sind. Benimm-Regeln sind kein alter Hut, sie machen das Miteinander menschlich. Selbst eine Radikal-Feministin freut sich doch, wenn ihr der Begleiter in den Mantel hilft. Und ich freue mich über jeden höflichen Menschen. Und über jeden, der sich in Umfragen zur Wahrheit bekennt.

Die »Quoteritis« im Job ist die ärgerlichste aller Volkskrankheiten

Die Kassiererin im Supermarkt ist 67, der Verkäufer im Schuhgeschäft 69 und der nette Tankwart, der das defekte Kofferraumschloss meines Mietwagens repariert, 72 Jahre alt – Momentaufnahmen aus meinem gerade beendeten Kalifornien-Urlaub.

Von einem Renten-Eintrittsalter wie in Deutschland träumt man in den USA. Natürlich will ich deren Sozialsystem nicht schönreden, aber eines finde ich richtig gut: Die Senioren dort fühlen sich gebraucht und stehen, solange sie es wollen, mitten im (Arbeits-)Leben.

Bei uns dagegen werden qualifizierte Arbeitnehmer in Rente geschickt, auch wenn sie gern bleiben würden. In vielen Unternehmen rächt sich der Jugendwahn, weil jetzt Fachkräfte händeringend gesucht werden. Hätte man die Älteren nicht aussortiert, gäbe es manchen Engpass in den Firmen nicht. Deshalb ist es nur konsequent, wenn zum Beispiel die »Seniorenunion« fordert, erst an diese erfahrenen Leute zu denken, bevor man im Ausland Facharbeiter anwirbt.

Im Prinzip richtig, aber die Unternehmen sollen per Quote gezwungen werden, die über 60-Jährigen in ihren Betrieben zu halten. Von diesem Quoten-Quatsch habe ich die Nase voll. Die SPD beglückte uns zuletzt mit einer Migrantenquote für Spitzengremien, Bayerns Konservative mit einer CSU-Frauenquote. Unterdessen wird die Quote der Politiker, die man noch ernst nehmen kann, immer geringer.

Der Begriff Quote hat das Zeug zum »Unwort des Jahrhunderts«. Die Bürger wenden sich kopfschüttelnd ab, wenn den Politikern nichts anderes einfällt, als ihre Reformideen auf diesem Umweg durchzusetzen. Es fehlt nur noch eine Quote für rothaarige Linkshänder oder Rad fahrende Vegetarier. Der klügste Vorschlag wird dadurch kaputt gemacht, indem man zur Durchsetzung eine Quote fordert.

Älteren Arbeitnehmern hilft keine Quote, sondern die Einsicht der Unternehmer, dass sie sich selbst arm machen, wenn sie auf den Reichtum von Berufs- und Lebenserfahrung der Senioren verzichten.

Wer die Ü-60-Generation nur wegen ihres Alters aussortiert und diskriminiert, ist dumm. Noch dümmer ist, wer nicht merkt, dass gerade die Quote die Höchstform von Diskriminierung bedeuten kann. Ich möchte meinen Job nicht deshalb behalten, weil der Staat es so verordnet, sondern weil mein Chef erkennt, dass ich etwas Unverzichtbares leiste.

Also hört auf mit der verblödenden Volkskrankheit Quoteritis!

Ich weiß, wann ich geboren bin. Ich will nicht wissen, wann ich sterben muss

Auf einem Hamburger Weihnachtsmarkt hat die zeitlose »Miss Tagesschau«, Dagmar Berghoff, für einen Blick in die ferne Zukunft den Wohnwagen einer Wahrsagerin aufgesucht. Und die hat ihr, wie sie im Talk meines Kollegen Markus Lanz offenbarte, das exakte Todesdatum prophezeit. Immerhin »wissen« wir jetzt, dass die 68-jährige TV-Legende noch mindestens zehn Jahre unter uns weilt, mehr wollte sie nicht verraten.

Doch was hat man davon, das letzte Rätsel des Lebens zu lösen, um sich dann selbst an die Macht eines Datums zu fesseln? Ich kenne eine Familie, deren Tochter sich umgebracht hat, weil sie von der Last dieses vermeintlichen Wissens nicht mehr loskam. Die junge Frau richtete schließlich ihr ganzes junges Leben nach dem angeblichen Todestag aus; war wie besessen von der Wahnidee, nun alles genau berechnen und planen zu müssen. Und verlor darüber völlig die unbefangene Freude am eigenen Dasein.

Es ist etwas anderes, ob Leute glauben, der nächste Sommer würde sibirisch, Angela Merkels Regierungszeit dauere ewig oder am 30. Mai sei Weltuntergang. Da kann man schmunzeln und abwarten und hinterher sagen: Mich betrifft's ja ohnehin nicht. Doch das Todesdatum ist mit das Intimste und Intensivste, was unsere Persönlichkeit ausmacht. Dass alles auf dieses Ziel hinausläuft und dass jedes Baby letztlich geboren wird, um zu sterben, ist wahr.

Schöpfung besteht aus Werden und Vergehen, und wir Menschen sind diesem Gesetz genauso unterworfen wie jede andere Kreatur.

Es hat einen Sinn, nicht zu wissen, wie und wann das passiert. Sein exaktes Ende zu kennen ist der Anfang von Angst, von nun an nichts zu verpassen. Dann sind wir auf den Tod, nicht mehr auf das Leben fixiert.

Ich empfinde es als gnädige Entlastung, dass es Dinge zwischen Himmel und Erde gibt, die nicht in unserer Verfügung stehen. Die einfach auf uns zukommen.

Offen sein für die Zukunft kann ich nur, wenn ich jeden Tag so lebe, als sei es der letzte. Ein solches Leben angesichts des Todes lebt sich viel gelassener und bewusster, viel fröhlicher und unbefangener.

Ein Prozess gegen Gaddafi wäre besser gewesen

Das gehe doch zu weit, meinte eine Kollegin mit Blick auf die Zeitungen vom vergangenen Freitag. In vielen Blättern war der blutüberströmte Kopf des getöteten libyschen Diktators Gaddafi abgebildet.

In ihrer Kritik dachte sie an die Kinder, die das jetzt sehen und verarbeiten müssen. Nachdenklich fügte sie hinzu: »Auch ein Menschenschlächter hat eine Menschenwürde.« Und schon waren wir inmitten einer Diskussion, ob der Begriff Menschenwürde auf solch einen Despoten anzuwenden ist.

TV-Sender wie das ZDF begründen mit dem »Respekt vor der Menschenwürde«, Filmmaterial des toten Gaddafi nicht zu zeigen. Ganz anders britische Blätter. »Here lies the rat« – hier liegt die Ratte, titelt eine Zeitung neben dem blutigen Foto. »Schmore in der Hölle zusammen mit Hitler«, lautet eine andere Schlagzeile. Oder: »Dies ist für Lockerbie«. 1988 waren über und in der schottischen Stadt 270 Menschen bei einem Attentat auf ein PanAm-Flugzeug umgekommen, für das Gaddafi verantwortlich gemacht wird.

Gilt die Menschenwürde für einen größenwahnsinnigen Tyrannen, der Leben und Freiheit von unzähligen Menschen auf dem Gewissen hat? Ist diese Bestie überhaupt ein Mensch oder nicht doch eine Ratte? Ist Würde überhaupt auf einen wie Gaddafi anwendbar? Ja, doch. Denn die schärfste Waffe einer freiheitlich-rechtsstaatlichen Demokratie ist die Unveräußerlichkeit der Menschenrechte. Auch Despoten sind nach unseren Werten Menschen und haben Menschenrechte.

Deshalb wäre es besser gewesen, Gaddafi wäre gefangen genommen und vor Gericht gestellt worden. Dann hätte die ganze Welt erlebt, wie bei den Nürnberger Prozessen gegen die Nazi-Verbrecher 1945 bis 1949, für welche Gräueltaten Gaddafi sich verantworten muss, wie er seine Schandtaten verteidigt und schließlich verurteilt wird. Ein solches Verfahren wäre eine größere Genugtuung für die Opfer als ein blutiger Leichnam und all die Verschwörungstheorien, die sich bereits um seinen Tod ranken.

Drei neue Wasserprediger beim Wein erwischt

Dass mit unseren sogenannten Eliten etwas faul ist, zeigt jeden Tag die aktuelle Finanzkrise; man mag sich schon gar nicht mehr darüber aufregen.

Wirklich wütend machen mich aber jene Gutmenschen, die Wasser predigen und Wein trinken, die andere zu Umkehr und Opfer mahnen, sich selbst jedoch einen Dreck darum scheren.

Drei prominente Namen dieser Woche:

Da ist Hans Eichel, jener Obersparkommissar aus rotgrünen Regierungsjahren, ein Meister im Fach »Gürtel enger schnallen«, der vor dem Bundesverwaltungsgericht auf eine Fast-Verdoppelung seiner Pension klagt. Satte 14 550 Euro stünden ihm zu, schließlich sei er auch mal Oberbürgermeister von Kassel gewesen. Das Gerede von sozialer Gerechtigkeit gerät zur hohlen Phrase, wenn Minister Nimmersatt auf seine Art die Mindestlohndebatte befeuert.

Oder Winfried Kretschmann, erster Regierungschef der Öko-Grünen. Er schwebt mit dem Hubschrauber zur Ministerpräsidentenkonferenz in Lübeck ein und lässt die Dienstlimousine die 730 Kilometer von Stuttgart hinterherfahren. Seine Kollegen kommen per Pkw oder Linienflug. Die armselige Ausrede: Terminprobleme.

Als jetzt die Deutsche Umwelthilfe die Dienstwagen der Bischöfe unter die Lupe nahm, stellte sich heraus: Die schrillsten Umweltaktivisten fahren die dicksten Dreckschleudern. Die Pole-Position der klimakillenden Kirchenführer-Karossen fährt ausgerechnet Ilse Junkermann, jene Magdeburger Bischöfin, die von Luthers Kanzel »Klimawandel ist Lebenswandel« predigt. Begründung: Rückenprobleme, die eine besondere Pkw-Ausstattung erfordern.

Ich gönne Herrn Eichel sein gutes Recht, Herrn Kretschmann seine zeitsparende Reiseplanung und Frau Junkermann ihr rückenschonendes Dienstauto. Aber die Herrschaften sollen mich doch bitteschön mit ihren »Wasser-Predigten« in Ruhe lassen.

Es nervt einfach, wenn Reden zum Gerede und Tun zum Getue wird. Da ist mir der Grünen-Abgeordnete Hans-Christian Ströbele tausendmal lieber, dessen Meinung ich selten teile, der in Berlin jedoch konsequent Fahrrad fährt.

Ein Lob für die Richter, die ich schon so oft kritisieren musste

Glückwunsch, Frau Doktor Hahne! Ich darf die Dame öffentlich loben, ist sie doch weder verwandt noch verschwägert mit mir. Aber sie hat ein bahnbrechendes Urteil in Sachen Verwandtschaftsverhältnisse gefällt, und das ausgerechnet als Frau.

Meo-Micaela Hahne, Richterin am Bundesgerichtshof (BGH), hat die Rechte der Männer gestärkt, besser gesagt: der »Kuckucksväter«.

Männer, denen ein Kind untergeschoben wird, haben künftig das Recht, den Namen des wahren Vaters zu erfahren. Damit wertet der BGH den Rechtsschutz des Mannes höher als das Persönlichkeitsrecht der Mutter. Geklagt hatte ein Mann, der erst nach der Trennung von seiner Frau erfuhr, dass er gar nicht der Vater des Kindes ist, für das er nun finanziell sorgen soll. Seine Ex-Frau berief sich auf ihre Privatsphäre und wollte die Auskunft verweigern.

Dieses Urteil ist lebensnah und beweist, dass die oft (auch in meiner Kolumne) gescholtenen Richter über gesunden Menschenverstand verfügen. Warum hat es jedoch bis heute gedauert, etwas so Selbstverständliches grundsätzlich zu entscheiden und ein Tabu zu beseitigen? Warum ist das nicht längst Gesetz bei uns? Denn es betrifft ja nicht nur streitende Eltern, sondern auch das Wohl des Kindes. Oder soll man es noch länger hinnehmen, wenn Kinder gehänselt werden, weil sie ihrem Vater nun überhaupt nicht ähnlich sehen? Der Spott pervertierte zur Menschenverachtung, wenn ein weißes Elternpaar eine Säuglingsstation mit einem farbigen Baby verließ – Comedy zulasten einer Kinderseele.

»Väter« sollen nicht für Kinder sorgen müssen, die nicht die ihren sind. Und Kinder behalten, so sagen Experten, bis ins Alter hinein tiefe seelische Wunden, wenn sie sich nicht sicher sind, wer ihr Vater ist.

Wissen, woher man kommt, ist ein menschlicher Ur-Instinkt. Die Angst der Mütter, über der Wahrheit ihr Kind zu verlieren, ist unbegründet. Je später es dies erfährt, desto schlimmer kann es sein.

Wer mit Liebe schenkt, braucht keine Gutscheine

Obwohl das Wetter noch nicht so richtig mitspielt, ist derzeit nichts schöner als ein Adventsbummel durch die beleuchteten Straßen. Festlich dekorierte Schaufenster, die uns zum Träumen verlocken; Weihnachtsmärkte mit all dem Geschnitzten und Gedrechselten, den kleinen Gaben und Geschenken, mit denen man sich und anderen eine Freude machen kann.

Doch die Deutschen schenken ihren Liebsten am liebsten Gutscheine zum Fest der Liebe. Wie lieblos.

Das Institut TNS-Infratest ermittelte gerade, dass nicht Bücher, CDs, Schmuck oder Parfüm die Renner unter den Weihnachtspräsenten sind, sondern Gutscheine.

Wer sich die Werbung anschaut, merkt, wie rasch sich der Handel darauf eingestellt hat. Im Schaufenster liegen zwar bunt verpackte Waren, doch in den Geschäften und im

Internet werden längst die Gutscheine angepriesen. Laut Marktforschung ist das Gutscheingeschenk kein bloßer Trend mehr bei uns, sondern gelebter Standard.

Wem nichts anderes einfällt, als einen bedruckten Zettel zu verschenken, ist faul im Hirn und träge im Herzen. Denn der Sinn von Geschenken ist es doch gerade, sich in den anderen hineinzuversetzen, seine Wünsche zu erahnen und sich dafür zu interessieren, womit man ihm die größte Freude machen kann. Nur so kann ein Geschenk persönlich sein. Weihnachten nach dem fantasielosen Motto »Kauf dir selbst, wozu du gerade Lust hast«? Wer so denkt, sollte sich das Schenken am besten gleich ganz schenken.

Wer sich dagegen Gedanken über Geschenke macht, landet nicht bei lästigen Pflicht-, Umtausch- oder Angeberpräsenten und erst recht nicht bei Gutscheinen. Man kann auch heute noch mit wenig Geld viel Freude machen, wenn man sich etwas Ausgefallenes einfallen lässt

Das Weihnachtspräsent ist wie eine Visitenkarte – dichtet Joachim Ringelnatz: »Schenke mit Geist ohne List. Sei eingedenk, dass dein Geschenk du selber bist.«

Übrigens: Weihnachten ist der Geburtstag von Jesus Christus. Gott hat der Welt in Bethlehem vor 2000 Jahren auch keinen Gutschein zum Glück, sondern zum Glück seinen Sohn geschenkt.

Precht hat recht: Rentner sollen sich engagieren!

Nicht schlecht, Herr Precht! Die kalkulierte Provokation ist dem Bestsellerautor Richard David Precht in der Talkshow meiner Kollegin Anne Will hervorragend gelungen. Wobei das Beste der Schlusssatz war, als Precht den Philosophen Arthur Schopenhauer (1788–1860) zitierte: »Jedes Problem durchläuft drei Stufen. Erst wird es verlacht, dann bekämpft und schließlich gilt es als selbstverständlich.«

Wetten, dass dies auch mit Prechts derzeit hitzköpfig diskutierter Forderung passiert? Rentner sollen, so forderte er, in die Pflicht genommen werden und sich 15 Stunden die Woche ehrenamtlich engagieren.

Man muss gegen Prechts Vorschlag nicht mit der Empörung aufgeschreckter Gutmenschen und Senioren-Lobbyisten argumentieren; allenfalls mit der Tatsachenbehauptung, dass sich viele Rentner bei uns schon viel intensiver als nur 15 Wochenstunden lang engagieren.

Suppenküchen, Tafeln, Gemeindebibliotheken oder Kinder- und Krankenbetreuung würden nicht funktionieren, gäbe es solche Senioren nicht.

Recht hat Precht, wenn er darauf verweist, dass die kommenden Rentner-Generationen immer älter werden und immer länger gesund bleiben. Man kann diese aktiven »jungen« Senioren nicht einfach aufs Altenteil abschieben. Wir brauchen nicht nur eine kinder-, sondern auch eine altenfreundlichere Gesellschaft, die die Fähigkeiten der Senioren auch schätzt und will. Das »Altes-Eisen«-Denken muss aus unseren Köpfen verschwinden, stattdessen sollten wir froh sein, welches riesige Potenzial wir in der Lebens- und Berufserfahrung der Älteren haben.

Mein erster TV-Beitrag vor 30 Jahren war ein Film über eine »Seniorenbörse«. Rentner boten dort jungen Leuten ihre Fertigkeiten und Fähigkeiten an: Kochen und Backen,

Buddelschiffe und Drachen bauen, Nachhilfe und Vorlesen. Die Alten fühlten sich gebraucht, die Jungen unterstützt. Über diesen »Kitt der Gesellschaft« lohnt es sich ernsthaft nachzudenken, statt sich wohlfeil und vorschnell zu empören.

Weihnachten kostet nichts – aber es ist auch nicht umsonst!

Ich bin erleichtert, wenn alles vorbei ist – so reagierte die Kaufhaus-Kassiererin, als ich frohe Weihnachten wünschte. »Sie glauben ja gar nicht, was vor Heiligabend bei uns los ist«, meinte sie und erzählte von den Last-Minute-Kunden im Kaufrausch, die den Laden am letzten verkaufsoffenen Sonntag stürmen, als gäbe es kein Morgen mehr. »Das hat doch nichts mehr mit Weihnachten zu tun«, sagte sie dann beim Wechselgeld. Und hat dabei nur zur Hälfte recht.

Weihnachten hat etwas mit Geschenken zu tun, das sollte man sich nicht schlechtreden lassen. Ich will mir das Schenken nicht schenken, weil nichts schöner ist, als sich gegenseitig Freude zu machen.

Nicht umsonst gibt es im Deutschen dafür das tiefsinnige Wort »Aufmerksamkeit«. Etwas ganz Persönliches, mit Herz und Verstand ausgesucht, nicht die Protz- und Prachtgeschenke. Alles muss ein Maß haben, damit die Mitte nicht verloren geht: das Geschenk, das Gott uns macht. Deshalb feiern wir ja überhaupt Weihnachten, deshalb steht das Fest fest auf unserem Kalender auch im Jahr 2012 nach Christus.

Viele feiern Weihnachten als Waren-Olympiade: immer mehr, immer teurer, immer größer. So, als ob Gott nichts damit zu tun hätte, obwohl sogar die Zeitrechnung die Geburt Jesu zur Grundlage hat.

Das Drehbuch von Weihnachten kennt nicht nur die Kapitel Kommerz, Konsum und Kitsch. Weihnachten ist ein Geschenk, das nichts kostet, obwohl es nicht umsonst ist. Es ist die Aufmerksamkeit Gottes, die von der Krippe in unseren Alltag strahlt: Ich lasse euch nicht allein, ich denke an euch, ich tröste und helfe.

Wer ein Kind zur Welt bringt, glaubt an die Zukunft und hat diese Erde nicht aufgegeben. In Jesus Christus, dem Gottessohn, erkennen wir Gott als den liebenden Vater, dem das Elend dieser Welt nicht gleichgültig ist.

Und nicht als Neutrum wie Familienministerin Kristina Schröder, die ausgerechnet kurz vor Weihnachten die Anrede »das Gott« für möglich hält. Unsinn.

Die Bibel hat ein viel schöneres Bild parat. Der Prophet Jesaja, der die Geburt von Bethlehem sieben Jahrhunderte zuvor voraussagte, erklärt: »Gott kann trösten, wie einen eine Mutter tröstet.«

Dieses Geheimnis im Glauben anzunehmen hat vielen Menschen in Krieg, Krankheit und Katastrophen geholfen. Wer dieses Geschenk nicht auspackt, stößt an seine Grenzen, wenn er Hoffnung braucht.

So wie Hans Graf von Lehndorff, der 1944 als Widerstandskämpfer vor den Nazischergen genauso flüchten musste wie vor der Roten Armee. Zu Weihnachten dichtete er ein Lied, das heute noch aktuell ist:

Komm in unsre stolze Welt,
Herr, mit deiner Liebe Werben.
Überwinde Macht und Geld,
lass die Völker nicht verderben.
Wende Hass und Feindessinn
auf den Weg des Friedens hin.

Was im Leben wirklich wichtig ist

Ein Satz, der aufhorchen lässt: »Ich bereite mich auf den Tod vor.« Hubert Burda, Jahrgang 1940 und nach eigenen Worten kerngesund, verriet dies einem Kollegen der »Welt«.

Zum Imperium des Verlegers und Ehemanns der TV-Schauspielerin Maria Furtwängler gehört der »Focus« mit seinem häufig zitierten Motto: »Fakten, Fakten, Fakten«. Passt das zu einem solchen Satz? Doch, gerade, denn ans Sterben zu denken ist keine Flucht aus der Realität. Der Tod ist Realität, für jeden. »Mensch bedenke, dass du sterben musst, auf dass du klug wirst«, hieß es schon vor Jahrtausenden in den Psalmen der Bibel.

Mir fiel ein aktuelles Buch von Bronnie Ware auf, das im Frühjahr 2013 auf Deutsch erschienen ist. Die lebenskluge australische Krankenschwester schildert darin ihre Erfahrungen mit Todkranken auf einer Palliativstation, die es versäumt hatten, rechtzeitig klug zu werden.

Es sind Lektionen, die jedem zu denken geben. Der Titel des Buchs heißt: »Fünf Dinge, die Sterbende am meisten bereuen«. Bereuen, wenn es zu spät ist – was wohl das Schlimmste ist, das es gibt.

Am häufigsten beklagen die Patienten die unerfüllten Träume, den fehlenden Mut, ihr eigenes Leben zu leben und sich nicht dauernd von den Erwartungen anderer leiten zu lassen.

Das hat ja nichts mit Egoismus zu tun, sondern gehört zur Freiheit, für die der Mensch geschaffen ist. Zu viel arbeiten, die Jugend der Kinder oder die freie Zeit mit dem Partner verpassen – viele merken erst zu spät, dass die Tretmühle des Alltags einem wertvolle Lebenszeit für die Familie gestohlen hat.

Gefühle unterdrücken und alte Freunde aus den Augen verlieren, dieses Manko würden viele auf dem Sterbebett gerne wiedergutmachen, weil sie darüber verbittert und einsam geworden sind. Glück und Zufriedenheit sind auf der Strecke geblieben, lautet die niederschmetternde Bilanz.

Alles Dinge, so rät Bronnie Ware, die man mitten im Leben bedenken sollte. Dann, wenn man noch etwas ändern kann.

MIX
Papier aus verantwor-
tungsvollen Quellen
FSC® C006701

Dieser Titel ist auch als E-Book erschienen

Originalausgabe

Copyright © 2014 by Bastei Lübbe AG, Köln

Umschlaggestaltung: fuxbux, Berlin
Umschlagmotiv: picture alliance / ZB dpa
Satz: fuxbux, Berlin
Gesetzt aus der Proforma
Druck und Einband: CPI – Ebner & Spiegel, Ulm

Printed in Germany
ISBN 978-3-86995-070-9

10 9 8 7 6

Sie finden uns im Internet unter www.quadrigaverlag.de
Bitte beachten Sie auch www.luebbe.de